本书受甘肃省社科规划项目"我国天然气产业引入竞争法律机制研究"（项目批准号：YB034）、西北民族大学国家民委重点建设学科资助项目资助。

中国天然气产业市场化法律规范研究

闫 艳 著

中国社会科学出版社

图书在版编目（CIP）数据

中国天然气产业市场化法律规范研究 / 闫艳著 . —北京：中国社会科学出版社，2020.8
ISBN 978－7－5203－7213－8

Ⅰ.①中… Ⅱ.①闫… Ⅲ.①天然气工业—产业发展—研究—中国 Ⅳ.①F426.22

中国版本图书馆 CIP 数据核字（2020）第 175311 号

出 版 人	赵剑英	
责任编辑	范晨星	
责任校对	夏慧萍	
责任印制	王 超	

出　　版	中国社会科学出版社	
社　　址	北京鼓楼西大街甲 158 号	
邮　　编	100720	
网　　址	http://www.csspw.cn	
发 行 部	010－84083685	
门 市 部	010－84029450	
经　　销	新华书店及其他书店	
印　　刷	北京明恒达印务有限公司	
装　　订	廊坊市广阳区广增装订厂	
版　　次	2020 年 8 月第 1 版	
印　　次	2020 年 8 月第 1 次印刷	
开　　本	710×1000　1/16	
印　　张	15.75	
插　　页	2	
字　　数	212 千字	
定　　价	95.00 元	

凡购买中国社会科学出版社图书，如有质量问题请与本社营销中心联系调换
电话：010－84083683
版权所有　侵权必究

摘　　要

能源是人类赖以生存和发展的重要物质基础。纵观人类能源利用的发展轨迹，就是一个从高碳时代逐步走向低碳时代的过程。从第一代能源薪柴，到第二代能源煤炭，再到第三代能源石油、天然气和核能，就是从不清洁到清洁、从低效到高效、从不可持续走向可持续、从高碳经济走向低碳经济的过程。可以说，人类社会发展的历史，其本身就是一部人类认识和利用能源的发展变迁史。目前，中国能源矛盾突出，主要表现在以下两个方面，一是中国能源需要量逐年增大，从而引起了能源对外依存度的过快增长，尤其是每年激增的油气进口量，这已经引发了国家能源安全及地缘政治危险；二是从中国的能源资源禀赋看，总量可观、品种齐全，但资源结构、分布空间不平衡，石油、天然气、煤炭人均拥有量较低。中国能源利用结构以煤炭、石油为主，传统粗放的能源利用模式导致生态环境严重恶化，经济的发展越来越受到环境因素的制约。

天然气含碳量低、热值高、污染轻，因此被称为清洁能源。根据"十二五"规划纲要部署，至2015年，中国非化石能源消费占一次能源消费比重提高到11.4%，非化石能源发电装机比重达到30%。同时中国政府也向世界庄严承诺，"到2020年，非化石能源占一次能源消费比重将达到15%，单位国内生产总值二氧化碳排放量比2005年下降40%—45%"。在此背景下，天然气被作为清洁能源列入国家重点发展产业，国家在其天然气资源勘探、开发和管道建设方面投入了巨额资金。在市场需求和国家政策的双重引导下，天然气产业发展迅猛。

天然气资源是事关国家安全的重要的战略性资源，但我们也要客观认识天然气的商品属性。既然是商品，就可以由市场发挥资源配置的决定性作用。在中国天然气产业领域，国有大型油气企业基本上覆盖了从上游勘探、开发，到中游运输、流通，再到下游销售的全部环节，实际上仍然是"计划"与"市场"并存的双轨制，在这种体制下，无法发挥价格机制在能源生产和经营中应有的价格形成和价格调节作用。正因为市场竞争不足，经济效率无法提高，消费者福利无法增进。

加快推进天然气产业市场化是完善社会主义市场经济体制的重要内容，也是转变中国经济发展方式的迫切要求。目前，中国在引导能源领域健康发展的过程中出现了严重的体制机制"瓶颈"，如何推进天然气产业的市场化改革是当前中国经济社会发展面临的一个重大课题。天然气产业不同于一般的竞争性行业，其经济技术属性决定了天然气产业市场化具有特殊的复杂性，这要求我们在进行制度构建时特别慎重。法律与社会经济转型总是相伴而生，直接或间接地影响社会变迁，市场经济是法治经济。纵观世界各国，一国经济健康运行，一是要靠健全的法律制度，二是要有得当的宏观调控政策。我们必须认清国际形势，结合本国社会经济发展状况和实际资源禀赋以及国际能源市场的运行情况，依托能源产业的独立与发展，通过国家立法的形式，来推动天然气产业市场化改革。本书以天然气产业的自然垄断性及公用事业特性为着眼点，试图梳理和探讨在天然气市场化过程中的制度需求。简言之包含两个方面的回应，一是天然气产业政府监管机制的构建，二是从顶层设计角度探讨天然气产业各环节在市场化改革中的法律制度供给。全书分为六章。

第一章，导论。本章介绍研究动机，阐述研究背景，分析研究意义，总结国内外研究状况，并交代研究的思路、框架与方法。笔者认为加强中国能源战略与能源安全需要对天然气产业进行系统研究，中国经济转型、低碳经济崛起需要天然气产业助力；自然垄断行业改革需要以天然气产业为突破口；能源领域市场化改革势在必行；深化天然气产业改革需要法律制度支持。

第二章，天然气产业法律规制的理论基础。天然气作为一种不可或缺的化工原料和基础能源，在国民经济中占据重要地位，这是由天然气的自然属性、天然气资源的特征及技术经济特征所决定的。本章在分析了上述问题的基础上，从政治经济学角度研究了天然气产品的供给理论，讨论针对天然气的有效供给前提下的国家经济职能和相应权责配置，以及国家、市场与社会在公共经济领域合作、互动关系的法律调整。只有在深入分析、准确认识天然气产品性质及其供给机制的基础上，才有可能沿着经济学关于经济活动的内在规律进行探讨，建立起符合经济活动的外在规则。唯有此，才可能真正厘清市场经济的边界问题，甚至将本研究上升到一个新的高度，回答国有经济在转型期内"提供什么""由谁提供"以及"如何提供"等问题。我们需要深入研究公共产品供给主体的多元性发展趋势、选择标准及变迁路径，这才是我们对天然气产业市场化进行法律规范性研究的根基所在。

第三章，中国天然气产业政府监管体制。中国能源结构的调整和优化，一方面要提高非化石能源的比重，另一方面是传统能源的低碳化。天然气发展是化石能源低碳化发展的趋势。天然气产业在中国具有全局性、战略性影响，实践表明，天然气产业的健康发展，离不开科学、高效的政府监管。目前，中国天然气产业政府监管在监管主体、监管职权及监管方式上还存在诸多问题。中国天然气产业政府监管机构的顶层设计应在遵循监管的一般规律和天然气产业行业特性的基础上，充分考虑中国历史与国情，借鉴吸收域外成功经验。本章通过剖析中国天然气产业政府监管机构存在的问题和域外天然气产业政府监管机构的典型模式，提出中国天然气产业政府监管机构的重构设想。

第四章，天然气产业上游市场化法律规范研究。本章首先梳理了中国天然气产业上游既存法律规范，将视角扩展至中国油气产业体制发展演变的维度中，在政府与市场的博弈中，天然气产业市场化进程曲折而漫长，矿业法律也经历了从无到有，从缺位到零散的发展曲线。其次通过对既存法律制度的梳理，指出现有法律规范存在立法不健全、缺乏完整法律框架；天然气勘探、开发利用的市场主体相对缺失；天然气勘探、开发利用的管理主体错位、缺位、越位并存；天然气市场发育不足及垄断条件下，上游价格形成机制不合理等一系列问题，进而指出天然气上游产业市场化的突破口在于矿业权市场化。再次探讨了矿业权市场化对天然气上游产业市场化的积极作用，对矿业权市场化做了可行性分析。最后从市场主体准入、交易规范设置及主体退出机制三个方面对天然气产业上游市场化进行了法律规范设计。

第五章，天然气产业中游市场化法律规范研究。本章对"天然气产业中游"和"天然气产业中游市场化"进行了相关阐释，以天然气产业中游市场化既存的规范性文件为研究立足点，指出尽管中国天然气产业中游的市场化进程尚处于初期的油气管网设施逐步开放阶段，但未雨绸缪，我们需要将"网运分开"作为天然气产业中游市场化的核心依托和根本抓手。"网运分开"能提升管道的运营和管理水平，提高运送效率，提升输气管道网络安全保障能力。本章指出天然气产业中游市场化规范性文件设置应以"网运分开"制度的构建为中心。

第六章，天然气产业下游市场化法律规范研究。本章对"天然气产业下游"和"天然气产业下游市场化"进行了相关阐释，在对既有天然气产业下游规范性文件进行梳理后，指出天然气产业下游市场化的推手是特许经营制度。现有制度中已经存在特许经营制度的主体性规范，其积极作用和功能价值不容否认。但是，既存特许经营制度作为转型期社会的产物，制度的过渡性特点非常鲜明。因而制度本身尚有诸多不完善之处，由此形成了天然气产业下游发展的"瓶颈"。当下，应着力于完善特许经营制度，推进天然气产业下游市场化的进程。在具体法律规范设置上，笔者认为下游市场主体准入应重点考虑招标程序优先性构建和竞争性谈判程序设置；市场交易规范应基于平等地位的特许经营权主体与公用部门交易规范设置；市场退出机制应立足于特许经营主体破产与主体对资产使用权的物权塑造。

本书最后指出，所谓天然气产业市场化就是要建立统一、开放的市场体系，解除分割市场、封锁市场的行政性壁垒因素，鼓励多元化的投资主体积极进入市场，营造公平、公开、竞争的市场环境，让价格机制调节生产和消费。在市场作用下，形成以合理的竞争、供求、激励、价格为内容的市场机制。天然气产业市场化改革是一个渐进的过程，也是一个需要一系列综合配套工作的复杂工程。中国天然气产业的市场化改革应与天然气产业的法治化相辅相成。天然气产业改革呼唤立法的跟进与完善，而改革中的成功经验也需要以立法的形式确立下来。我们要力争做到"立法与改革决策的衔接"，要做到"重大改革于法有据"，在立法活动中"适应改革和经济、社会发展的需要"，发挥法律的"引领和推动作用"。

关键词：天然气产业；市场化；法律规范研究

Abstract

Energy is a significant material basis for human survival and development. The history of social development is, in itself, the history of energy being recognized and utilized. Throughout the development track of human use of energy, this is a process that enters into the low-carbon era from the high-carbon era. From the first generation of energy-firewood, to the second generation of energy-coal, to the third generation of energy-petroleum, natural gas and nuclear power, the history of energy use is the process from uncleanness to cleanliness, from low efficiency to high efficiency, from unsustainability to sustainability, from high-carbon economy to low-carbon economy. At present, China has serious contradictions in energy, as shown in the following areas. Firstly, as China's demand for energy increases every year, the dependence on foreign energy grows dramatically. Especially a surge in the imports of oil and gas has placed China's energy security and geopolitics at risk. Secondly, in view of resource endowment, China has considerable and various energy resources. However, there is an imbalance of resource structure as well as spatial distribution, and the per capita possessions of oil, gas and coal are small. China's energy structure is mainly based on coal and petroleum, and the traditional extensive model of energy use has resulted in the severe deterioration of ecological environment. Hence, the economic development is more and more restricted by environmental factors.

As natural gas has low carbon content, high calorific value and light pollution, it is called "clean energy". According to the 12th Five-Year Plan, China's non-fossil energy consumption as a share of primary energy consumption will increase to 11.4% and the ratio of the generation capacity of non-fossil energy will increase to 30% by 2015. Meanwhile, the Chinese government made a solemn commitment to the world: "By 2020, non-fossil energy consumption as a share of primary energy consumption will reach 15%. And carbon dioxide emissions per unit of GDP will be reduced by 40% -45% from 2005." At such a circumstance, natural gas as a clean energy has been included in the key developing industries in China. The government has invested huge funds in the exploration, exploitation and pipeline construction of natural gas. Guided by both market demand and policy support, the natural gas industry develops rapidly.

Natural gas is an important strategic resource related to national security. Also, we should have an objective understanding of the commodity attribute of natural gas. Since it's a commodity, the market could play a decisive role in the allocation of resources. In the Chinese natural gas sector, large state-owned oil and gas companies cover almost all the parts from upstream exploration and development, to midstream transportation and circulation, to downstream wholesale and retailing. In fact, it's still the dual-track plan and market system under which the price mechanism fails play its price forming and regulating role in energy production and management. Because of insufficient market competition, the economic efficiency as well as the consumer welfare cannot be improved.

To speed up the marketization of the natural gas industry is not only an important part of perfecting the socialist market economic system but also an urgent demand for transforming the economic development pattern. Unlike general competitive sectors, however, the economic and technological attribute of the gas industry determines that its marketization faces special complexities. This requires that we should carry on system constructions with extreme caution. Currently, there exist serious system and mechanism bottlenecks in the process of promoting the sound development of the energy sector. How to promote the market reform of the gas industry is now becoming a critical issue that China's socio-economic development faces. Social and economic transformations are always accompanied by laws which have direct or indirect effects on social changes. In practice, the market economy is an economy under the rule of laws. Throughout the world, whether an economy operates healthily or not depends on its sound legal system and appropriate macro-control policies. So we should have a clear picture of the international situation, combine our socio-economic development and actual resource endowment with the operation of international energy market, rely on the independence and development of the energy industry, in order to push forward the market reform of the natural gas industry by means of national legislation. This book looks at the natural monopoly and public character of the gas industry, as well as attempting to examine and discuss its institutional needs in the process of marketization. In brief, the book includes two parts. The fist one is the establishment of the government supervision mechanism of the natural gas industry. The second one is the legal system provided for the market reform of every segment of the natural gas industry. The book consists of seven chapters.

Chapter I : Introduction. This chapter introduces research motive, describes research background, analyzes research significance, examine research status in both China and abroad, as well as explaining the ideas, the structure and the methodologies of this study. The author suggests that it is necessary to carry on systematic researches on the natural gas industry in order to strengthen China's energy strategy and energy security. China's economic transformation and low-carbon economy need assistance from the natural gas industry; the reform of natural monopoly industries should take the natural gas industry as a breakthrough; the market reform of the energy sector is essential; the deepening of the gas industry reform needs supports of the legal regime.

Chapter Ⅱ: The Theoretical Basis of the Legal Regulations on the Natural Gas Industry. As an indispensable raw material and a primary energy, natural gas plays an important role in the national economy, which is determined by the natural attribute of natural gas, the characteristics of natural gas resources as well as the economic and technical characteristics. Based on the exploration of the above issues, this chapter analyzes the supply theory of natural gas products from the perspective of plutonomy, discuss the state public and economic functions, and the corresponding responsibility configuration under the premise of effective supply of natural gas. Also, it looks at the legal regulation of the nation, the market and the society cooperating and interacting in the public and economic sphere. Only on the basis of the in-depth analysis and the precise understanding of gas products nature and its supply mechanism, we may have a discussion about the inherent laws of economic activities and establish external rules that accord with economic activities. Only in this way can we figure out the boundary problems of the market economy and even make this study to a new standard, answer questions like "what can the state-owned economy provide during the transformation period", "Who can provide" and "how to provide". We have to further study the pluralistic development trend, the selection criteria and the transition route of public goods providing stakeholders. This is actually the foundation of our study on the legal regulation of the natural gas industry.

Chapter III: The Government Supervision Mechanism of the Natural Gas Industry in China. The adjustment and the optimization of China's energy structure require us to raise the proportion of non-fossil energy, and to promote low-carbon traditional energy. In general, the natural gas development is the trend of low-carbon development of fossil energy. And the natural gas industry has an overall and strategic influence in China. It has been found that the healthy development of the natural gas industry depends on scientific and effective government supervision. Yet there still exists some problems concerning supervising subjects, supervising functions and supervising methods in the industry. The top design of China's gas industry regulators should be based on compliance with the general laws of regulation and the industrial features of the natural gas industry. Also, it should take into full account the history and the conditions of China, learn and gain successful experiences from abroad. This chapter attempts to analyze the problems that exist in the Chinese government regulators of the natural gas industry as well as the typical models of the overseas regulators. Based on these experiences, the author raises reconstruction suggestions for the government regulators of the natural gas industry in China.

Chapter IV: The Research on the Legal Norms of the Upstream Marketization in the Natural Gas Industry. This chapter first extends the vision to the development of China's oil and gas industrial system, and then examines the existing upstream legal norms of the natural gas industry. Due to the bold change of the economic system reform shifting from the plan to market economy, the mining laws have to be change accordingly. In the battle between the government and the market, the marketization of the natural gas industry has a tortuous and long process. The relevant legislations have experienced the curve from nothing to something, from absence to scatter. On the above basis, this chapter points out a series of problems, such as the imperfect legislation of the current legal norms, the absence of a complete legal framework, the relative lack of market subjects who explore, develop and utilize natural gas, the co-existence of dislocation, absence and offside of management subjects who explore, develop and utilize natural gas, a range of problems (including unreasonable upstream pricing mechanism) that arise in the insufficiently developed and monopolistic gas market. It further indicates that the breakthrough to the marketization of the upstream natural gas sector should be the marketization of mining rights. Next, the chapter explores the positive role of the marketization of mining rights in the marketization of the upstream gas sector, as well as making a feasibility analysis of the marketization of mining rights. At last, it sets the legal norms of the upstream marketization of the natural gas industry in three aspects including market access, trade code setting and exist mechanism.

Chapter Ⅴ: The Research on the Legal Norms of the Midstream Marketization of the Natural Gas Industry. This chapter first gives interpretation of "the midstream natural gas sector" and "the marketization of the midstream natural gas sector". Based on the existing normative documents of the midstream marketization of the industry, this chapter also indicates that although the marketization of China's midstream gas sector is still at the initial stage where the oil and gas pipeline networks gradually opens, it is wise to plan ahead and to realize that the "net-transportation separation" is critical and fundamental to the midstream marketization of the industry. And it's also an essential element of the marketization process of the natural gas industry chain. Furthermore, the "net-transportation separation" contributes more to improve the level of pipeline operation and management, to increase the efficiency of transportation, and to enhance the abilities to ensure the security of gas pipeline networks. It also states that the setup of the normative documents of the midstream marketization should focus on the construction of the "net-transportation separation" system.

Chapter VI: The Research on the Legal Norms of the Downstream Marketization of the Natural Gas Industry. This chapter first gives interpretation of "the downstream natural gas sector" and "the marketization of the downstream natural gas sector". Based on the examination of the existing normative documents of the downstream natural gas sector, this chapter suggests that the franchise institution pushes forward the downstream marketization of the gas industry. There are subjective norms of the franchise institution in the current system and its positive effects and functional values are undeniable. However, as a product of the transitional society, the current franchise institution has very distinctive transition features. In addition, the establishment of the institution is still at the stage of exploration. Hence, the institution itself has a lot of imperfections which has led to the bottlenecks of the development of the downstream natural gas sector. Now we should strive to improve the franchise institution, so as to promote the marketization of the downstream sector. In terms of the establishment of specific laws and regulations, the author deems that the downstream market subjects should pay great attention to the prior construction of tender procedures and the setting of competitive negotiation procedures; The market transaction norms should be set according to the equal subjects of the franchise institution and the transaction norms of public sectors; the market exist mechanism should be based on the bankruptcy of franchisers and their asset rights shaped as real rights.

Conclusion: This chapter states that the so called marketization of the natural gas industry should build a unified and open market system, eliminate the administrative barriers of the segmented market and the locked market, encourage multiplex investment subjects to actively march into the market, create a fair, open and competitive market environment, and employ the pricing mechanism to regulate production and consumption. Under the market functions, a market mechanism that involves reasonable competition, supply and demand, stimulation and price could be achieved. The market reform of the natural gas industry is not only a progressive course but also a complex project which requires a series of comprehensive matching work. The market reform of China's gas industry and its legalization are mutually dependent. The reform calls for the follow-up and the improvements of legislation and the successful experiences in the reform should be learned and established in law. We should strive to "connect legislation to reform policies", to "launch major reforms according to laws", to "meet the needs for reforms and socio-economic development" in legislative activities, to make use of the "leading and promoting role" of laws.

Key words: the Natural Gas Industry; Marketization; the Study of Legal Norms

目　录

第一章　导论 …………………………………………………… (1)
　　第一节　问题的提出 ……………………………………… (1)
　　　　一　选题原因 …………………………………………… (1)
　　　　二　问题的限定 ………………………………………… (7)
　　第二节　研究背景 ………………………………………… (8)
　　　　一　自然背景 …………………………………………… (9)
　　　　二　政策背景 …………………………………………… (15)
　　　　三　社会背景 …………………………………………… (18)
　　　　四　法律背景 …………………………………………… (21)
　　第三节　文献回顾：关于天然气产业发展的理论探索 ……… (22)
　　　　一　中国天然气产业发展研究的文献概况 ……………… (23)
　　　　二　中国天然气产业发展研究的主要内容 ……………… (25)
　　　　三　中国天然气产业发展研究存在的问题与展望 ……… (32)
　　第四节　选题意义 ………………………………………… (34)
　　　　一　理论意义 …………………………………………… (34)
　　　　二　现实意义 …………………………………………… (35)
　　第五节　研究基本思路、研究方法及创新与不足 ………… (36)
　　　　一　研究基本思路 ……………………………………… (36)
　　　　二　研究方法 …………………………………………… (37)
　　　　三　创新与不足 ………………………………………… (39)

第二章　天然气产业法律规制的理论基础 （42）
第一节　天然气的自然属性和天然气产业的技术经济特征 （42）
  一　天然气的自然属性 （42）
  二　天然气资源的特征 （44）
  三　天然气产业的技术经济特征 （45）
第二节　天然气产品供给的政治经济学理论分析 （48）
  一　天然气是准公共产品 （49）
  二　政府提供准公共产品责任的理论分析 （56）
  三　政府提供准公共产品的优越性和局限性 （62）
  四　公共产品市场化供给的理论突破 （66）

第三章　中国天然气产业政府监管体制 （75）
第一节　中国天然气产业政府监管剖析 （75）
  一　关于政府监管的一般性探讨 （75）
  二　天然气产业政府监管内涵 （79）
  三　中国天然气产业政府监管的历史变迁 （83）
  四　中国天然气产业政府监管的现状与问题 （91）
第二节　域外天然气产业政府监管的分析与借鉴 （98）
  一　域外天然气产业政府监管的典型模式 （98）
  二　可资借鉴的经验 （101）
第三节　中国天然气产业政府监管的再造 （101）
  一　天然气监管机构的设立理念 （103）
  二　中国天然气产业政府监管机构重构的具体设想 （105）

第四章　天然气产业上游市场化法律规范研究 （107）
第一节　关于"天然气产业上游"的说明 （107）

第二节 立足点:天然气产业上游既存法律规范及
　　　　现实困境……………………………………………（107）
　一　计划经济时期天然气产业上游的法律规范:
　　　(1949—1978 年)……………………………………（108）
　二　转型期天然气产业上游既存法律规范:从管控
　　　思维到市场思维………………………………………（109）
　三　既存法律规范的不足与困境………………………（119）
第三节 突破口:矿业权市场化………………………………（123）
　一　矿业权市场化的阐释………………………………（123）
　二　矿业权市场化对天然气产业上游市场化的
　　　积极作用………………………………………………（129）
　三　矿业权市场化的可行性分析………………………（129）
第四节 天然气产业上游市场化法律规范设置:
　　　　以矿业权市场化为核心………………………………（134）
　一　主体准入规范设置并附理由………………………（135）
　二　交易规范设置并附理由……………………………（137）

第五章 天然气产业中游市场化法律规范研究……………（139）
第一节 关于"天然气产业中游"和"天然气产业
　　　　中游市场化"……………………………………………（139）
　一　关于"天然气产业中游"的说明 ……………………（139）
　二　关于"天然气产业中游市场化"的说明 ……………（140）
第二节 立足点:天然气产业中游市场化既存
　　　　规范性文件……………………………………………（140）
　一　《中共中央关于全面深化改革若干重大问题的决定》:
　　　天然气产业中游市场化改革的根本动力…………（141）
　二　《油气管网设施公平开放监管办法(试行)》:
　　　天然气产业中游市场化改革的直接推手…………（142）

第三节 着力点:天然气产业中游的"网运分开" …………（145）
　一 "网运分开"的必要性 ………………………………（145）
　二 "网运分开"的可行性 ………………………………（148）
　三 "网运分开"制度建设的应酌因素 …………………（151）
第四节 天然气产业中游市场化规范性文件设置:
　　　以"网运分开"制度的建构为中心 …………………（157）

第六章 天然气产业下游市场化法律规范研究………（163）
第一节 关于"天然气产业下游"和"天然气产业下游
　　　市场化" ……………………………………………（163）
　一 关于"天然气产业下游"的说明 ……………………（163）
　二 关于"天然气产业下游市场化"的说明 ……………（163）
第二节 立足点:天然气产业下游既存规范性文件 ………（164）
　一 垄断专营时期的天然气产业下游规范性文件
　　　概览:1978—2002年 …………………………………（165）
　二 天然气产业下游市场化初期规范性文件的
　　　嬗变:2003—2015年 …………………………………（169）
第三节 着力点:天然气产业下游的特许经营 ……………（175）
　一 天然气产业下游市场化与特许经营制度…………（175）
　二 天然气产业下游市场化的瓶颈……………………（178）
　三 特许经营制度合理建构的应酌因素………………（183）
第四节 天然气产业下游市场化法律规范设置:以特许
　　　经营制度的完善为中心……………………………（186）
　一 特许经营制度合理建构的前置性要件:特许经营
　　　协议规范二重性的准确认知…………………………（186）
　二 主体准入规范补缺:招标程序优先性建构和
　　　竞争性谈判程序设置…………………………………（188）

三　市场交易规范矫正:基于平等地位的特许经营权
　　　　主体与公用部门交易规范设置……………………（191）
　　四　主体退出机制设置:特许经营主体破产与
　　　　主体对资产使用权的物权塑造…………………………（195）

结　语……………………………………………………………（201）

附　录……………………………………………………………（205）

参考文献…………………………………………………………（208）

后　记……………………………………………………………（228）

第 一 章

导　　论

第一节　问题的提出

一　选题原因

本书之所以要进行中国天然气产业市场化法律规范研究，主要基于以下几方面的考虑。

（一）能源战略与能源安全需要对天然气产业进行系统研究，中国经济转型、低碳经济崛起需要天然气产业助力

能源作为现代社会生产和生活的基本物质来源和必要保障，其安全问题一直是国家发展无法回避的一个重要课题和基本任务。随着中国经济的快速增长，能源的对外依存度不断提高，[①] 中国能源安全开始从国内空间层次提升到国际空间层次，成为涉及国家安全的敏感问题。目前，中国能源矛盾突出，主要表现在以下两个方面：一是中国能源需要量逐年增大，从而引起了能源对外依存度的过快增长，尤其是每年激增的油气进口量，这已经引发了国家能源安全及地缘政治危险；二是从中国的能源资源禀赋看，总量可观、品种齐全，但资源结构、分布空间不平衡，石油、天然气、煤炭人

[①] 根据中国石油集团经济技术研究院公布的相关数据来看，2013 年我国石油对外依存度为 58.1%，天然气对外依存度为 31.6%。

均拥有量较低。中国能源利用结构以煤炭、石油为主，传统粗放的能源利用模式导致生态环境恶化，经济的发展越来越受到环境因素的制约。从国外发达国家能源发展路径来看，通过优化一次能源消费结构和提高能源消费质量可以在一定程度上抑制或缓解一次能源整体消费水平的增长。天然气含碳量低、热值高、污染轻，因此被称为清洁能源。根据"十二五"规划纲要部署，至2015年，中国非化石能源消费占一次能源消费比重提高到11.4%，非化石能源发电装机比重达到30%。同时中国政府也向世界庄严承诺，"到2020年，非化石能源占一次能源消费比重将达到15%，单位国内生产总值二氧化碳排放量比2005年下降40%—45%"[①]。在此背景下，天然气被作为清洁能源列入国家重点发展产业，国家在其天然气资源勘探、开发和管道建设方面投入了巨额资金。在市场需求和政策的双重引导下，天然气产业发展迅猛。随着页岩气开发技术的突破，天然气在全球能源结构中的比重会持续上升，成为继煤炭和石油之后的主要化石燃料。

（二）自然垄断行业改革需要以天然气产业为突破口

中国经过改革开放，经济取得了令人瞩目的成就。与此形成鲜明对照的是垄断性产业的改革严重滞后，原有体制下的许多僵化和扭曲现象继续存在。概括而言，中国垄断行业的体制特征是：第一，其垄断地位不是因自身自由竞争而形成生产集中，而是通过行政性限制准入和计划配置资源而形成的，基本特征是官商不分的行政垄断。第二，垄断过程伴随着与政府权力的紧密结合，比如，在投资建设方面，政府将大量特许资源和特殊公共资源的使用权无偿赋予国有企业，并且予以政策上的大力扶持和资金上的投入。在业

---

① 《中国的能源政策（2012）》，2012年10月24日，中华人民共和国中央人民政府网站，http://www.gov.cn/zwgk/2012-10/24/content_2250617.htm。

务范围方面，国有企业既承担政府的政策性任务，同时也进行一般商业性经营。正因为承担着政府的指令性任务，国有垄断企业有恃无恐地低效经营。在经营机制方面，不能完全按照商业化原则进行企业的经营管理，按行政区划设置业务分支，如中国油气行业历经数次改革，已形成了中石油、中石化、中海油三大国有企业"南北分治、海陆分割、上下游一体化"的垄断格局。在价格形成机制上，不区分垄断性环节和竞争性环节，由政府定价。以现行能源定价机制为例，当前中国除煤炭和原油价格由市场形成外，天然气、电力和成品油等能源品种价格仍主要由政府制定，现有能源价格体系不能充分反映资源的稀缺性和市场供求关系，由此造成了一系列的经济扭曲和矛盾。第三，垄断程度异乎寻常，干预经济手段和参与经济手段两手并重，使得一个行业中企业甚少，组织形态单一，甚至一个企业就是一个行业，如铁路企业。在这种情况下，很难引入竞争机制，即便有外资进来，也主要是来分享垄断利润，很难形成有效竞争。第四，垄断企业自身改革动力不足。一般而言，改革的动力在于行为主体通过变革，有可能获得不曾拥有的潜在收益。如果变革不能使行为主体获益，甚至是受损的话，行为主体寻求变革的动力肯定不足。在中国反垄断的改革实践中，垄断企业恰恰面临这个问题。垄断高额利润，带来了垄断企业的高工资、高福利，进而成为一种极其特殊的垄断利益集团。这些国有垄断企业一方面依仗优越的垄断地位，另一方面依赖吃国家政策饭的体制，在深化国企改革、精简机构、建立现代企业制度等具体的改革措施上严重滞后，使得中国垄断行业普遍竞争能力低下，经营效率不高，而落后的企业管理机制又被垄断利润掩盖。

目前，经济体制改革在竞争性产业和垄断性产业的不平衡发展正严重地阻碍着中国经济的市场化进程。随着经济体制改革从竞争性产业向垄断性产业的延伸，垄断的顽固堡垒——网络性产业的放松规制、规制改革及竞争结构的形成就成为中国经济体制进一步改革不可回避的焦点问题。天然气产业具有范围经济性、规模经济性、资本沉淀性、成本劣加性和公共利益性等特征,被认为是典型的自然垄断性产业和公共事业。选取天然气产业为自然垄断行业改革突破口,从行业本身而言具有如下典型性:首先,天然气产业中的基础设施是中国经济发展不可缺少的硬件条件。天然气产业管道的铺设犹如人体的血管的构造,应该是健全、健康的。其次,天然气已然成为中国微观经济主体活动的基础。天然气作为企业经济活动的中间投入要素,其成本的降低将促进企业盈利能力和其他要素(如劳动力和其他资本)的生产力的提高。最后,天然气的供给发展程度直接决定着社会福利水平的高低。充足、有效的天然气供应能降低低收入者的生活成本,稳定其生活质量,有助于分配公平。近年来,"气荒"时有发生,天然气产业的垄断行为和低效率正在受到几乎来自社会各界的谴责。城门失火,殃及鱼池。遭受垄断危害的除了垄断企业自身和它的消费者以外,还包括直接和间接以其产品或服务为生产要素的企业,从这个意义上说垄断已经妨碍了中国经济的竞争力。虽然针对网络性产业促进竞争、遏制垄断的呼声日渐高涨,但是,如何促进竞争以及将竞争促进到什么程度的问题并未解决。因此,以天然气产业作为垄断行业改革切入点具有可行性和典型性。

(三) 能源领域市场化改革势在必行

近年来,越来越频繁的"气荒""油荒""电荒"对国民经济的正常运行造成了严重的影响,成品油僵化的调价机制,"计划电"与"市场煤"之间的深刻矛盾,这些都是中国能源行业由计划经济体制转向市场经济体制的过程中出现的突出问题。加快推进能源产业市场化是完善社会主义市场经济体制的重要内容,也是转变中国经济发展方式的迫切要求。但是不同于一般的竞争性行业,能源领域的经济技术属性决定了其市场化具有特殊的复杂性。这要求我们在进行制度构建时特别慎重。目前，在如何推进能源领域健康发展的过程中出现了严重的体制机制"瓶颈"，如何推进能源领域的市场化改革是当前中国经济社会发展面临的一个重大课题。

能源领域市场化改革的重点，就是要处理好市场和政府之间的关系。首先要明确市场和政府之间不是一种对立冲突关系，而是一种共生互补关系。市场在资源配置中起决定性作用，并不是要完全摒弃政府管理，单纯由市场说了算，而是强调市场能够自主地起到决定作用。其次要明确政府和市场的作用边界。"该政府管的归政府，该市场管的归市场"，使市场在资源配置中起决定性作用，但不是全部作用。政府调控也不可或缺，否则也会"孤掌难鸣"。市场调节和政府调控，理应双轮驱动。政府从对资源直接配置的体制中退出后的"无为"，不是"无所作为"，而是在确立市场规则、优化公共服务、保障公平竞争、加强市场监管，维护交易秩序、弥补市场失灵等方面，政府自身的行为也要遵守市场规律。[①]

天然气资源是事关国家安全的重要的战略性资源，同时我们也要客观认识天然气的商品属性，既然是商品，就可以由市场发挥资源配置的决定性作用。在中国天然气产业领域，国有大型油气企业基本上覆盖了从上游勘探、开发，到中游运输、流通，再到下游批发、零售的全部环节，实际上仍然是"计划"与"市场"并存的双轨制，在这种体制下，无法发挥价格机制在能源生产和经营中应有的价格形成和价格调节作用。正因为市场竞争不足，经济效率无法提高，消费者福利无法增进。对天然气产业来讲，要进行市场化改革，就是要建立统一、开放的市场体系，解除分割市场、封锁市

---

① 任志安：《定市场之性，谋国民之福——论市场怎样在资源配置中起决定性作用》，《财贸研究》2014年第1期。

场的行政性壁垒因素，鼓励多元化的投资主体积极进入市场，营造公平、公开、竞争的市场环境，让价格机制调节生产和消费。在市场作用下，形成以合理的竞争、供求、激励、价格为内容的市场机制。

（四）深化天然气产业改革需要法律制度支持

天然气资源是一种重要的不可再生资源，是关乎国民经济安全和社会发展必备的战略物资。从产业组织的角度来看，天然气产业是指勘探、开发、生产、储运及销售天然气资源及其天然气产品的企业集合。天然气产业分为上游的勘探开发，中游的管道运输及下游的销售环节，上、中、下游各产业关系密切。[①] 目前，中国天然气产业立法严重滞后，基本法缺失。对该产业的上、中、下游的法律规制主要体现在《宪法》《矿产资源法》《石油天然气管道保护法》《基础设施和公用事业特许经营管理办法》等一系列法律、行政法规、部门规章或规范性文件当中，这些法律规范虽然在天然气产业发展中也发挥了重要的作用，但是立法的碎片化及滞后性使得天然气产业中存在的一些问题无法在现有法律框架下得到有效解决，比如，天然气产业上游主要由《矿产资源法》进行规范，但这部法律在立法中侧重于从行政角度调整矿产资源的勘探、开发活动，从整体看更注重于行政管理，而轻视权利保护。2007年中国《物权法》将矿业权定性为用益物权，而现行的《矿产资源法》在矿业权设置、权利登记、保护等方面均没有体现出矿业权的物权属性。

天然气产业市场化改革是一个渐进的过程，也是一个需要一系列综合配套工作的复杂工程。客观来讲，中国天然气产业的市场化改革应与天然气产业的法治化相辅相成。天然气产业改革呼唤立法

---

① 杨嵘编：《石油产业经济学》，西安交通大学出版社2010年版，第14页。

的跟进与完善，而改革中的成功经验也需要以立法的形式确立下来。我们要力争做到"立法与改革决策的衔接"，要做到"重大改革于法有据"，在立法活动中"适应改革和经济、社会发展的需要"，发挥法律的"引领和推动作用"。[①] 法律与社会经济转型总是相伴而生，如影随形，直接或间接地影响社会变迁，市场经济是法治经济。纵观世界各国，一国经济健康运行，一是要靠健全的法律制度，二是要有得当的宏观调控政策。我们必须认清国际形势，结合本国社会经济发展状况和实际资源禀赋以及国际能源市场的运行情况，依托能源产业的独立与发展，通过国家立法的形式，来推动天然气产业市场化改革。

二 问题的限定

不同的气源[②]、不同的运输方式存在着泾渭分明的技术经济特征，比如瓶装燃气，就是通过灌装来实现其配送和销售的，即便长途运输也不需要管网配合；再比如液化天然气（LNG）主要通过船舶运输。本书将研究对象限定在具有典型管网依赖性的天然气产业领域。上述不以天然气管道为运输方式的其他天然气产品不在本书的讨论范围。

天然气产业的运转犹如一条链条，将生产井口、净化处理、网

---

① 张德江：《人大将坚持立法先行　做到重大改革于法有据》，2015年3月8日，人民网，http://politics.people.com.cn/n/2015/0308/c70731-26656943.html。

② 煤制气是人工煤气的一种，它是以煤为原料经过加压气化后脱硫提纯制得的可燃组分气体，是清洁煤利用技术的一种燃烧方式。油制气是石油加工过程中的副产品，将石脑油或原料重油放入工业炉内经过压力、温度及催化剂的作用，重油即裂解，生成可燃气体。液化气是炼油厂在进行原油催化裂解与热解时所得到的副产品。2010年颁布的《石油天然气管道保护法》第3条规定，"本法所称石油包括原油和成品油，所称天然气包括天然气、煤层气和煤制气"。煤层气俗称"瓦斯"，是与煤炭伴生，以吸附状态存储于煤层内的非常规天然气。2013年国家能源局发布的《煤层气产业政策》将煤层气定义为"赋存于煤层及煤系地层中的烃类气体，主要成分是甲烷，发热量与常规天然气相当，是宝贵的能源资源"。

络运输、储气设施、配送及终端消费用户全部链接起来，这条产业链上的每个环节环环相扣，缺一不可。概括起来，可分为上、中、下游三个环节。

天然气上游环节：主要指的是天然气的生产，即天然气的勘探、开发，天然气矿场集输与天然气的加工与处理。

天然气中游环节：主要是天然气的运输与储运。通过长输管网将天然气从生产地运往下游各城市销售门站。为降低用气过程中气候、用户用量变化等因素的影响，保证供需平衡，需用储气设施来调整供气量并保证输气管道压力平衡，满足用户需要。

天然气下游环节：主要是指下游地方分销网络通过小直径低压管线向终端消费用户供应天然气。

本书以天然气产业的自然垄断性及公用事业特性为突破口，试图梳理和探讨在天然气市场化过程中的制度需求。简言之包含两个方面的回应，一是天然气产业政府监管机制的构建，二是从顶层设计角度探讨天然气产业各环节在市场化改革中的法律制度供给。

第二节 研究背景

"问题都是在一定的语境中生成、发现的，也是在一定的语境中理解和解决的。……严肃的现实社会问题，通常不能孤立地得到有效解决，而要考虑问题的现实条件和历史背景，有些甚至涉及复杂的社会文化背景和政治背景。"[1] 本书对天然气产业市场化进行法律规范性研究不是为了追求纯粹的理论上的玄奥和卓越，而恰恰是以解决现实社会问题为皈依的。因此，准确认识该问题产生和存在的背景对该问题的解决具有极大的帮助，甚至可以说了解背景本身

---

[1] 张掌然：《问题的哲学研究》，人民出版社2005年版，第210—211页。

也是解决问题的一部分。否则,"即使制定出了法律,若现实中不存在推行法律的社会基础,现实中法律则只能部分实行,或者完全'行不通',即难以实现制约社会生活这一机制"。① 因此,要分析和解决天然气产业发展中的法律规制问题,必须以中国当下的自然背景、政策背景、社会背景以及法律背景为基础并受其制约。

一 自然背景

(一) 中国天然气资源赋存状况

一个国家或地区是否占有丰富的资源是个相对概念,一般而言,考虑一国资源的多寡主要参考三个方面的数据,一是产量,二是剩余可采储量,三是可采资源量。产量的确切统计可以为国家提供经济活动中可直接利用的资源数量,而剩余可采储量和可采资源量是对一国未来或中长期资源潜力的评估。②

天然气资源是天然气产业发展的基础。中国天然气资源比较丰富,主要分布于中西部地区的四川、鄂尔多斯、柴达木、塔里木和近海的莺歌海、东海及琼东南盆地。目前已经建成投入使用的气田主要有:苏里格气田、雅克拉气田、塔里木克拉2气田、克拉苏气田大北区块、塔里木迪那2气田、塔里木油气田、青海油气田、普光气田、元坝气田、大庆油气田等。据《全国油气资源动态评价(2010)》数据显示,中国常规天然气地质资源量为52万亿立方米,最终可采资源量为32万亿立方米。截至2013年的数据,中国的天然气新增探明储量为6000亿立方米。中国煤层气、页岩气资源比较丰富,截至2012年的数据显示,探明储量达5350亿立方米。根据2013年3月1日

---

① [日]川岛武宜:《现代化与法》,申政武等译,中国政法大学出版社1994年版,第137—138页。

② 张抗:《中国天然气资源的两点论和发展战略》,《石油与天然气地质》2005年第2期。

国土资源部发布的全国页岩气资源潜力调查结果，中国陆域页岩气地质资源潜力为134.42万亿立方米。中国已在四川、重庆、云南、贵州、陕西等省市开展了页岩气的井钻探实验，这进一步证实中国页岩气具有较好的开发前景。特别是2013年页岩气勘探开发取得重大进展，实现产量2亿立方米。页岩气作为独立性资源矿种，中国正在尝试对页岩气的勘探、开发引入多种所有制资本运作，但是，目前中国页岩气的富集区块将近有80%的资源为中石油、中石化所垄断，其他资本进入困难重重。

（二）中国天然气供给状况

从国家宏观层面看，目前中国对于天然气的开发利用还缺少整体的规划和设计，天然气整体呈现供不应求的局面。统计数据显示，2011年中国天然气占总能源消费量的比例为4%，这远远低于发达国家所设定的8%—10%的天然气消费比例。

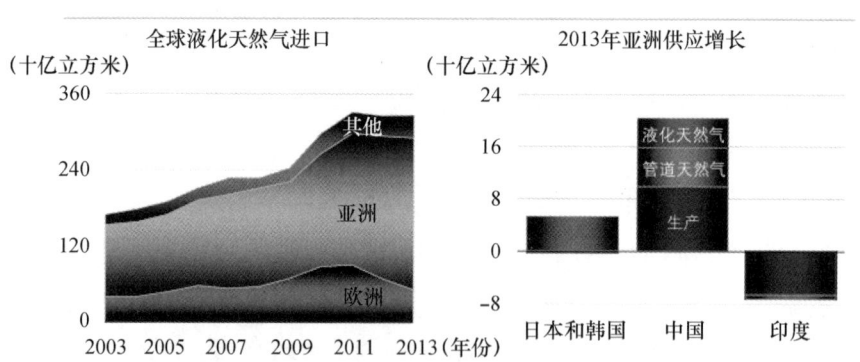

图1—1　全球液化天然气市场和亚洲供应

资料来源：《BP世界能源统计年鉴》2014年版。

从中国的天然气资源分布和市场需求分布来看，中国的天然气资源主要分布在柴达木、塔里木、鄂尔多斯、四川、松辽、渤海湾、南海和东海八个盆地。其中，柴达木、塔里木、四川、鄂尔多斯四个盆地位于西北省区，其天然气资源量占总资源量的55%；这些地区普遍经济欠发达，天然气产量远远大于区域性对天然气的需求量；中国天然气市场主要分布在东部经济比较发达的长江三角洲、环渤海和珠江三角洲等地区，这部分区域在经济快速发展的同时，也产生了巨大的能源消耗，由此面临严重的生态恶化、环境污染的问题。东部地区天然气需求量大，但是产量不足，因此，天然气资源分布和市场需求矛盾突出。从整体看，中国的天然气资源保有和需求市场主要分布于西部和东部地区，中间相距数千千米，天然气的运输是个难以逾越的现实障碍问题。这意味着我们需要投资数百亿元来铺设长距离、大口径的天然气管道，由此天然气才能源源不断地输送至千家万户。

（三）中国天然气消费状况

天然气消费状况主要由资源条件、技术发展水平、人口密度、气候等综合因素决定。目前，中国天然气消费主要集中在工业和生活消费两个领域，具体而言主要运用于天然气发电、天然气化工、城市居民用气、汽车加气及燃气空调几个方面。根据《BP世界能源统计年鉴》2014年版的数据显示，2013年，中国能源消费占全球消费总量的22.4%，占全球净增长的49%。中国天然气消费增长10.8%，达153亿立方米，居世界首位。根据中国石油和化学联合会发布的一份题为《我国天然气发展面临的不确定因素》的报告，2014年中国天然气表观消费量为1800亿立方米，同比增长7.4%，其中进口天然气580亿立方米，对外依存度达32.2%。目前国内天然气产业发展迅速，天然气消费量持续保持两位数增长，增长速度远大于供给量，国内天然气资源长期处于供不应求的局面，用气高峰期对大工业用户"停气、限气"现象呈上升趋势。现在用气缺口主要通过增加进口液化天然气和管道天然气来填补。

（四）中国天然气进口状况

天然气供应安全是国家能源安全的重要组成部分，在天然气供应日趋全球化的今天，供气的安全性、稳定性和持续性已经受到世界各国的高度关注。中国在大力提高国内天然气产量的同时，重点通过进口天然气多极化实现天然气供应安全，以保障国家能源安全。根据《BP世界能源统计年鉴》2013年版的数据，2012年中国天然气进口主要来源国为澳大利亚、卡塔尔、马来西亚、土库曼斯坦和印度尼西亚，从这五个国家进口的天然气占中国天然气进口总量的93.5%。

2013年，中缅天然气管道开通，西南地区供气得到保障。中亚管道不断扩充，中国开始进口土库曼斯坦、哈萨克斯坦和乌兹别克斯坦的管道天然气。与此同时，LNG也在积极建设当中，截至2013年底，中国共有9个LNG接收站投入运营，年处理LNG达2630万吨，较上年增长约40%。2012年，中国天然气管道进口首次超过LNG进口，但总体而言，管道气与LNG齐头并进，将使中国天然气进口结构不断得到优化。[①]

中美是世界上的两个经济大国，两国在天然气对外依存度方面，还有很大差距（见表1—1）。美国天然气对外依存度一般保持在10%左右，近年来，由于页岩气的成功开发，对外依存度急剧下降。中国从2006年开始进口天然气，仅仅用了5年时间，天然气的对外依存度就飙升至21%，换句话讲，中国天然气在一次能源消费中所占比例的提高，实际上是靠天然气进口量来拉动的。

[①] 崔选民、王军生主编：《中国能源发展报告2014》，社会科学文献出版社2014年版，第136页。

表 1—1　　　　　　　　中美两国的天然气对外依存度

年份	中国 产量 ($10^8 m^3$)	中国 消费量 ($10^8 m^3$)	中国 对外依存度 (%)	美国 产量 ($10^8 m^3$)	美国 消费量 ($10^8 m^3$)	美国 对外依存度 (%)
2001	303	274	-16.0	5555	6297	11.8
2002	327	292	-12.0	5360	6521	17.8
2003	350	339	-3.2	5408	6308	14.3
2004	415	397	-4.5	5264	6344	17.0
2005	493	468	-5.3	5000	6234	18.0
2006	586	561	-4.5	5240	6144	14.7
2007	692	705	1.8	5456	6542	16.6
2008	803	813	1.2	5708	6591	13.4
2009	853	895	4.7	5840	6487	10.0
2010	948	1076	11.9	6041	6732	10.3
2011	1025	1037	21.6	6513	6901	5.6

注：对外依存度＝（消费量－产量）÷消费量×100%。

资料来源：BP 公司《Statistical Review of World Energy》历年汇总数据；齐海鹰：《天然气资源与开发利用》，中国石化出版社 2014 年版，第 135—136 页。

（五）中国天然气基础设施建设情况

1. 管道建设

天然气是一种对储运技术要求较高的气体燃料，传输管网及相关基础设计建设是天然气产业发展的必要条件。从国外天然气产业发展经验来看，天然气产量的快速提升促进管道建设的跟进，而管道建设的完善又进一步促进天然气市场的开拓，市场开拓促使天然气产量的进一步增长。可以说，管道是天然气产业发展至关重要的一环。中国天然气资源主要在中西部地区，而天然气需求主要集中在东部沿海地区，地域间供需矛盾十分突出。管道建设滞后已经成为制约中国天然气资源开发利用的瓶颈。目前，西气东输、川气东送和陕京线等多条管道相继建成投产，横贯东西、纵跨南北、连同海外的全国性天然气管道骨干网络已经形成。据统计，目前中国天然气管道覆盖面积65万平方千米，总长度约6万千米。这和俄罗斯天然气管道（总长度约为15万千米）、美国天然气管道（总长度约为50多万千米）、欧洲天然气管道（总长度约为17万千米）相比较还是有很大差距的。

中国城市天然气的配送由地方公司经营。城市燃气配送设施由配气站、储气设施与储气库、配气管网及用户支线、气体调压等部分组成。城市配气管网和天然气利用基础设施薄弱，难以满足天然气需求。政府应该采取有效措施，促进市场开发，鼓励各方投资者进入城市天然气管网建设，通过充分的市场竞争机制和适当的税费调整，降低城市输配费用和用气成本，增加城市用气、工业用气及天然气化工等方面的用气量。

2. 储气库建设

储气库在天然气供应链中承担着重要的调峰作用，相对于LNG调峰、气田调峰等其他调峰措施，地下储气库具有储气容量大、安全可靠、不受气候季节变化影响、经济等优势。目前，中国储气库建设任务基本由中石油、中石化两家国有企业承担。2012年，中国天然气地下储气库的储存能力仅为47亿立方米，2013年虽有所增长，达73亿立方米，但这个量不及中国天然气消费总量的5%，调峰能力极低。要确保安全稳定供气，必须加快储气库调峰设施建设，制定合理有效地初期调峰制度。在2012年的调峰统计中，气田调峰28%、LNG调峰24%、储气库调峰16%、压减市场31%。储气库的发展短板凸显中国天然气调峰能力的不足。

3. LNG接收站建设

LNG是世界天然气市场的重要组成部分，占世界天然气贸易的1/4，扩大国内LNG储罐规模可以大大增加国家天然气战略储备。随着中国天然气市场的培育和销售量的逐步上升，中国天然气消费进入了快速增长的阶段，加大对境外天然气资源的利用是大势所趋。截至 2013 年底，中国已经建成了十个 LNG 接收站，年接收能力近 3600 万吨。2013 年，全国进口 LNG 达 1800 万吨，LNG 进口量约占全国进口天然气总量的 48%，与管道天然气进口量不相上下，占全国天然气表观消费量的 15%，可见，进口 LNG 对保障中国国内天然气供应发挥了巨大的作用。

中国对境外资源的利用通道，陆上主要是中亚、中缅天然气管道以及未来的中俄天然气管道，对中东、非洲的天然气利用则主要是 LNG 贸易形式。面对国内日益紧张的供需矛盾，要加强对海外天然气资源的多元化引进利用，由此，中国需要加大 LNG 接收站的建设。[①]

二 政策背景

1992 年，中国共产党第十四次全国代表大会上，明确提出要使市场竞争成为优化资源配置的根本机制。此次报告中指出，要建立社会主义市场经济体制，就是要使市场在国家宏观经济调控下对资源配置起基础性作用。所有的经济活动要遵循价值规律，适应供求变化；通过价格机制和竞争机制，优化配置资源。通过市场信号，协调供需结构。这次会议，肯定了市场经济制度中的价格机制、竞争机制、市场机制等内容也应当是中国社会主义市场经济的应有之义，肯定了竞争因素对中国建立社会主义市场经济体制的重要作用。

1998 年，中国对油气行业进行重组，这是中国政府打破行业垄断格局的首次尝试。其宗旨是通过组建上下游、内外贸和产供销一

---

① 《中石化专家撰文：我国天然气基础设施不足》，2014 年 1 月 24 日，新浪财经网，http://finance.sina.com.cn/chanjing/yjsy/20140120/121418013405.shtml。

体化的油气公司，引入竞争。从历史的、发展的眼光看，这次重组意义重大。但是，由于石油天然气行业是长期受政府管控的行业，因此，一方面，三大油气公司虽然被分别赋予了某个区域的垄断权力，但仍缺乏作为一个企业应有的经营自主权；另一方面，由于政府对产业链中的自然垄断领域缺乏有效监管，在这些领域占有市场优势的企业有可能滥用其垄断权力。①

为推进国有企业改革，2005年国务院公布了《关于鼓励、支持和引导个体私营等非公有制经济发展的若干意见》，这为国有垄断行业引入竞争机制提出了具体的指导性意见。文件提出在电力、铁路、石油、电信及金融服务等行业允许非公有资本进入，并且倡导公平准入、平等待遇。此外，在这些行业中要加大对非公有制经济的财税金融支持，完善社会服务。这是中国第一部以促进非公有制经济发展为主题的中央政府文件，为放开非公有制经济主体市场准入提供政策支持。针对油气行业，文件允许具备相关资质的非公有制企业在平等条件下可以取得矿产资源的探矿权和采矿权。然而令人遗憾的是，"有近1/3以上的民营企业认为没有享受到国民待遇；2/3以上的民营企业认为，我国垄断行业的改革尚未见效。究其原因，行业垄断已经严重制约了我国民营经济的发展和经济体制改革"②。

2010年5月，国务院为鼓励民间投资、促进民营经济发展，公布了《国务院关于鼓励和引导民间投资健康发展的若干意见》（以下简称《民间投资意见》），这是中国首次专门针对民间投资而颁布的政策性文件。2012年11月，党的十八大报告明确提出"全面

---

① 何晓明、宦国渝、李晓东：《油气业：从"五龙治水"到寡头竞争》，载中国经济改革研究基金会、中国经济体制改革研究会联合专家组《中国反垄断案例研究》，上海远东出版社2003年版，第48页。

② 王晓晔：《权力寻租是对〈反垄断法〉实施的最大挑战》，载江平、吴敬琏主编《洪范评论——垄断与国有经济进退》，生活·读书·新知三联书店2011年版，第88—89页。

深化经济体制改革""推动能源生产和消费革命"。在制度供给方面,报告指出要不断深化和完善"资源性产品价格和税费改革",建立起"资源有偿使用制度和生态补偿制度",力争在价格和税费的征收中既能够体现市场供求和资源稀缺程度,又能体现出生态价值。

为了贯彻落实《民间投资意见》中提出的"坚持矿产权市场全面向民间资本开放,支持民间资本进入油气勘探开发领域"等相关政策,2012年6月,国土资源部联合其他部门又出台了《关于进一步鼓励和引导民间资本投资国土资源领域的意见》。同年,能源领域"十二五"规划密集出台,引导其产业科学发展;按照不断完善市场经济体制的要求,油气价格、矿权、进口等各项市场化改革深入推进;天然气业务获得大力发展,在天然气利用、非常规天然气开发和管网建设等方面推出了一系列新政;安全、清洁、环保的理念不断深化,监管力度得到加强;党的十八大报告把生态文明建设放在突出地位,为控制能源消费总量、推进绿色低碳发展、深化资源性产品价格和税费改革等进一步明确了政策导向。

2013年11月12日,党的十八届三中全会通过的《中共中央关于全面深化改革若干重大问题的决定》指出,"全面深化改革的核心是处理好政府和市场的关系",在处理好政府和市场的关系问题上,特别强调要"加快完善现代市场体系,建设统一开发、竞争有序的市场体系,使市场在资源配置中起决定作用",要"进一步破除各种形式的行政垄断"。2014年6月13日,中央财经领导小组第六次会议指出,要继续深入推进改革,还原能源的商品属性;能源价格由市场决定,形成有效的市场结构,转变政府能源监管方式,建立能源法律体制。此外还提出要求抓紧制定石油天然气体制改革总体方案。

党的十八届三中全会以后，中国天然气行业市场化改革力度进一步加大，国家能源局率先发布《油气管网设施公平开放监管办法（试行）》，正式启动了石油、天然气管道公平开放改革；中石油紧随其后宣布将用管道资产参与混合所有制改革。2014年11月，国务院办公厅为推进中国能源消费革命，优化能源结构，发布了《能源发展战略行动计划（2014—2020年）》，值得一提的是，该文件第一次提出了对能源发展具体的约束性指标，倡导发展天然气、核电等清洁能源。这也是当下应对国家能源战略需求和国内经济增长及治理雾霾的必要策略。通过以上政策梳理，可以发现中国正在进行一场声势浩大的能源变革，这场变革贯穿于社会经济发展的各个方面，通过调整产业结构，全面落实节能优先方针，进而控制能源消费总量。天然气作为清洁能源，在国家倡导绿色低碳发展的大背景下，必将焕发出勃勃生机。

三　社会背景

中国是世界上最早发现并利用天然气的国家。被誉为"群经之首、大道之源"的《易经》就提到"上火下泽""泽中有火"，说明我们的祖先早在西周以前就发现了自然界的天然气。在2000多年前的陕西，当地人也发现"地中出火"的现象。当时的人们把冒出地火的地方称为"火井"，由于不知道"地火"发生的原因，就把它与神灵联系在一起，并每年举行祭拜。班固《汉书·郊祀志》记载，汉宣帝神爵元年（公元前61年）下诏"祠天封苑火井于鸿门"。《地理志》还记载："有天封苑火井祠，火从地中出也"。那时的人们对井中喷出天然气并发生燃烧现象还不理解，视为"神火"，所以要建"火井庙"

以示虔诚。[①] 宋代学者李昉在《太平御览》中也提道"春秋潜潭曰，巴火从井出，有贤士从民间起"，即将"巴火"（天然气）与圣贤出世联系在一起。《后汉书》第二十三卷提道"临邛《博物记》曰：有火井，深二三丈，在县南百里。以竹木投取火，后人以火烛投井中，火即灭绝，不复燃"。临邛就是今天的四川邛崃，自古就有铁矿资源和天然气井。上述这些文献记载都表明，中国古代天然气主要分布在陕西和四川，虽然古代先人不了解天然气的形成机制，但是都认为"井火"是吉祥之物，故在描述中带有神秘色彩。

我们的祖先对天然气的利用也是很早的。西汉扬雄《蜀王本纪》记载："临邛有火井一所，纵广五尺……井上煮盐。"他的《蜀都赋》还提道，"取井火还，煮井水，一斛水得四五斗盐，家火煮之，不过二三斗盐耳"。这说明当地百姓已经认识到用天然气煮盐的经济效益比用"家火"煮盐要好得多。康熙六至十年（公元1667—1671年），富顺县令金肖孙的《火井诗》中写道："九渊一炬起，高岭列灶烘，能省樵夫力，兼成煮海功。"这首诗一方面反映了天然气煮盐场面的盛大，另一方面也道出了天然气煮盐的好处。乾隆皇帝《咏火井》："凿井如置产，但引供烹饪。亦可用煮盐，盐井则别异。"乾隆的这段话说明清代天然气的主要用途已经从熬盐向烹饪倾斜了。从以上梳理可以看出中国有对天然气的开发和利用的历史传统。

放眼今日之世界，因化石能源开发利用而产生的温室气体排放和地域性污染问题日益严重。自科学研究对全球气候变暖取得共识以来，碳排放约束下的经济、能源、环境协调可持续发展已成为世

[①] 张叔岩编著：《20世纪上半叶的中国石油工业》，石油工业出版社2001年版，第3页。

界各国优先发展议题。中国是世界上最大的发展中国家，面临着发展经济、改善民生、全面建成小康社会的艰巨任务。维护能源资源长期稳定可持续利用，是中国政府的一项重要战略任务。受国际能源竞争格局、生产力水平以及所处发展阶段、产业结构和能源结构、能源开发利用方式等因素共同决定，中国能源必须走科技含量高、资源消耗低、环境污染少、经济效益好、安全有保障的发展道路，全面实行节约发展、清洁发展和安全发展。[①]

根据中国政府在哥本哈根会议提出的控制温室气体排放行动目标要求，到2020年，非化石能源占一次能源消费的比重要达到15%，这对中国能源结构调整将起到巨大的推进作用。中国受自然资源禀赋制约，加之粗放型的经济增长方式等多重作用，现阶段在能源加工和消费过程中所产生的环境污染问题非常严重，现在已经是世界上最大的二氧化碳排放国。从中国目前能源利用趋势来看，中国在一段时期内仍然是全球碳排放增量的主要国家。

中国大力发展清洁能源，一方面是因为近年来中国环境污染现象严重，北方的雾霾天气已经从京津冀地区扩展到了长三角一带，PM2.5值居高不下，百姓怨声载道。据国家统计局相关数据显示，2012年中国的一次能源消费结构中煤炭占68.5%，而天然气只占4.7%，这与发达国家的能源消费结构相差甚远。中国以煤炭为主要能源消费品的能源结构已经到了非改不可的地步。另一方面随着中国城市建设的快速发展和人民生活水平的提高，天然气消费进入寻常百姓家，成为生活必需品。2005年和2009年中国冬季出现的两次"气荒"都给民

---

① 国务院新闻办公室：《中国的能源政策（2012）》白皮书，2012年10月24日，中国政府网，http://www.gov.cn/zwgk/2012-10/24/content_2250617.htm。

众的生活和经济造成了重大影响。① "气荒"现象已经超越了取暖和民众生活本身，而演化为攸关社会全局的困境和治理难题。在这样一个倡导清洁能源发展的社会大背景下，要求国家对天然气产业的监管机制及法律机制进行理性分析，从宏观和微观层面进行有效的制度供给。

四　法律背景

党的十八大提出"法治是治国理政的基本方式"。天然气产业发展要坚持"立法和改革决策相衔接"，做到"重大改革于法有据，立法主动适应改革和经济社会发展需要"。② 现阶段，调整中国天然气产业的法律、法规及行政规章主要有：《矿产资源法》《石油天然气管道保护法》《矿产资源法实施细则》《对外合作开采海洋石油资源条例》《对外合作开采陆上石油资源条例》《矿产资源勘查区块登记管理办法》《矿产资源开采登记管理办法》《资源税暂行条例》《探矿权采矿权转让管理办法》《地质资料管理条例》《海洋石油安全生产规定》《关于加快煤层气（煤矿瓦斯）抽采利用的若干意见》《关于加强煤炭和煤层气资源综合勘查开采管理的通知》《关于进一步规范探矿权管理有关问题的通知》《关于加强页岩气资源勘探开采和监督管理有关工作的通知》《油气管网设施公

---

① 据报道，2009年11月中旬，突如其来的雨雪天气造成了我国多处城市和地区的天然气供应短缺问题。以武汉为首，天然气日缺口达60万立方米，约为正常情况下用气量的40%，武汉启动紧急预案，100多家企业全部停气，近3000家商业门店除餐饮用气保障外其余也全部限停。浙江电厂也受到严重影响，近40%的电厂暂停运营，工业用气也缩减近一半。甚至坐拥油气资源富集地的重庆也面临"气荒"，据重庆市发展和改革委负责人透露，该地区日均欠供天然气最高超过100万立方米。重庆的重点化工基地长寿区有近30多家企业被迫停产或错峰轮休，涪陵区工业企业日用气缺口达20万立方米，中化涪陵化工新项目、璧山LNG等一些已建成的项目也因缺气无法投产。

② 《中共中央关于全面推进依法治国若干重大问题的决定》，2014年10月29日，中国共产党新闻网，http://cpc.people.com.cn/n/2014/1029/c64387-25927606.html。

平开放监管办法（试行）》《城市燃气当前产业政策实施办法》《市政公用事业特许经营管理办法》《基础设施和公用事业特许经营管理办法》等。

从上述立法来看，中国现行的天然气法律、法规缺乏系统性、逻辑性，有明显的碎片化和行政化特点。这和中国当下正在进行的天然气产业市场化改革、政府与市场关系重构和政府简政放权改革的内涵实质相悖，并且现行天然气法律规范普遍存在法律位阶较低的问题，大量的"意见""办法"虽然为政府监管提供了相应依据，但并不具有普遍法律约束性。在政府换届和经济政策调整下，无法对产业政策延续性作出保证。这些在立法中存在的问题同天然气产业在整个国民经济中的重要地位不匹配。天然气产业的健康发展需要稳定和强大的法律支持，我们要立足于中国天然气产业的发展和改革现实，对现存的法律空白和立法滞后进行严肃、认真的研究探讨。

第三节　文献回顾：关于天然气产业发展的理论探索

"知识的进步主要在于对先前知识的修改"，[①] 因此，无论是自然科学还是社会科学，其研究都必须建立在前人探讨的基础上，本书对天然气产业法律规制的研究也同样如此。自中国20世纪60年代的天然气产业发展开始，学界对天然气产业发展法律规制的争论和研究与该产业的改革进程亦步亦趋，并取得了较为丰富的成果。本书将以学界讨论之主题为主要线索，对研究天然气产业发展的已

---

① ［英］卡尔·波普尔：《猜想与反驳——科学知识的增长》，傅季重等译，上海译文出版社2005年版，第40页。

有成果进行综述,简要分析和总体评价,以作为对该问题进行研究的起点。

一 中国天然气产业发展研究的文献概况

关于中国天然气产业发展的研究成果,目前还是较为丰富的。2013年10月28日,在中国知网(CNKI)上,以"天然气产业"进行关键词检索,获得1444个检索结果,其中,期刊论文414篇,博士、硕士学位论文149篇,会议论文52篇;在万方数据库知识服务平台,以"天然气产业"进行关键词检索,获得3891个检索结果,其中,期刊论文2560篇,博士、硕士学位论文898篇,会议论文432篇;在维普期刊资源整合服务平台检索,与"天然气产业"相关的内容有296个。

有多种与天然气产业相关的中文图书,其中主要的论著有:董秀成、李君臣:《我国天然气产业网络链一体化研究》,知识产权出版社2013年版;刘毅军:《天然气产业链下游市场风险研究》,石油工业出版社2007年版;周志斌等:《天然气利用产业集约化发展理论与实践》,科学出版社2013年版;姜子昂等:《天然气产业低碳发展模式研究》,科学出版社2012年版;刘毅军等:《天然气产业链上游开发规划风险研究》,石油工业出版社2013年版;熊伟、周怡沛:《川渝地区天然气利用产业集群研究》,石油工业出版社2013年版;胡健等:《油气资源富集区域的产业成长与技术创新》,科学出版社2010年版;李晓西等:《中国传统能源产业市场化进程研究报告》,北京师范大学出版社2013年版;苏文:《全球战略中国油气产业国际化研究》,中国物资出版社2010年版;穆献中:《中国油气产业全球化发展研究》,经济管理出版社2010年版;周志斌:《天然气市场配置及补偿机制研究》,科学出版社2011年版;于文轩:《石油天然气法研究——以应对气候变化为背景》,中国政法大学出版社 2014 年版；孟雁北：《中国〈石油天然气法〉立法的理论研究与制度构建》，法律出版社 2015 年版。

关于天然气产业的课题项目，2013 年 11 月 2 日，在全国哲学社会科学规划办公室网页"项目数据库"输入"天然气"查询，有 6 项国家社会科学基金项目：2012 年李宏勋"低碳经济下我国天然气产业发展战略研究"（12BJY075）；2012 年程春华"中亚能源外交与中亚——我国天然气管道风险防范研究"（12CGJ008）；2013 年王四海"土库曼斯坦天然气资源潜力与中土天然气合作问题"（13BGJ022）；2013 年徐斌"页岩气革命背景下中俄天然气合作战略机遇与治理"（13BGJ016）；2013 年孙家庆"我国天然气国际供应链安全机制研究"（13BGJ031）；2013 年宋魁"中俄石油天然气开发合作新态势及其对策"（03BGJ005）。

从这些研究成果，可大致梳理出中国天然气产业发展的研究趋势。从 20 世纪 90 年代学者开始关注天然气产业发展，一直到 2010 年研究达到最高峰，究其原因，是 21 世纪的第一个十年，低碳经济正在成为新一轮国际经济的增长点和竞争焦点。努力提高天然气在能源结构中的比重，是实现低碳经济发展和节能减排的现实选择。2009 年 12 月，联合国在哥本哈根召开了世界气候大会[①]，中国在大会上庄严承诺，到 2020 年中国单位国内生产总值二氧化碳排放量比 2005 年下降 40%—50%，并将作为约束性指标纳入国民经济和社会发展长期规划，这一指标客观上成为推动中国天然气产业加速发展的有力引擎。之后学者关注的热度有所下降，主要将研究集中在天然气产业市场化、低碳经济、能源利用、

[①] 哥本哈根世界气候大会全称是《联合国气候变化框架公约》第 15 次缔约方会议暨《京都议定书》第 5 次缔约方会议，本届会议的议题主要有四个：一是工业化国家的温室气体减排额；二是像中国、印度这类发展中国家应如何控制温室气体的排放；三是如何资助发展中国家减少温室气体排放、适应气候变化带来的影响；四是如何向穷困国家转让全球环境基金，支援他们减排。

政府规制、经济规制、社会规制几个方面。通过对这些文章及论点的收集整理和分析研究，笔者发现各种有关天然气产业发展理论文章之间存在着诸多的学科交叉性，因此采用主题词分类法更符合本研究。下文就以"天然气产业发展与能源安全""天然气产业市场化""天然气产业政府规制""法律、法规体系"作为主题词进行相应梳理分析。

二 中国天然气产业发展研究的主要内容

（一）天然气产业发展与能源安全

"能源是国家安全、经济繁荣和全球稳定的基础。"[①] 关于能源安全的定义，一般认为："能源安全包括能源供应安全和能源使用安全。所谓能源供应安全，即能源供应的稳定性，是指满足国家生存与发展正常需要的能源供应保障的连续与稳定程度；而所谓能源使用安全，即生态环境安全性，是指能源的消费及使用不应对人类自身的生存与发展环境构成任何威胁。其中，前者是国家能源安全的基本目标，是量的概念；而后者是国家能源安全的更高的追求，是质的概念。可见，能源安全是能源供应安全和能源使用安全的有机统一。"[②] 殷建平等在分析了中国天然气供需状况及进口天然气气源供给、价格、运输风险后，指出"应合理引导天然气消费，在一定程度上限制工业用气，限制天然气发电厂项目的过度增加，恢复部分发电厂使用燃煤等其他替代能源，控制新上天然气化工项目；按照市场规律，充分发挥价格杠杆作用调整供需不平衡的问题；同时重视天然气储备问题，一是为增强预防突发事件和供应国国内政

[①] William Martin and Evan Harrje, "The International Energy Agency", in Jan Kallicki and David Goldwyn, eds. *Energy and Security: Toward a New Foreign Policy Strategy*, The Johns Hopkins University Press, 2005, p.97.

[②] 张雷:《论中国能源安全》,《国际石油经济》2001年第3期。

局动荡所造成的天然气供应短缺甚至中断的风险的能力,二是为积极应对天然气季节性调峰的需求"。① 李志强指出:"我国天然气资源严重不足,而过分依靠进口天然气会危及我国能源安全。发展煤制天然气对于保障我国天然气供应安全和平抑天然气价格波动具有重要意义。"② 任重远在分析中国天然气供需情况及进口天然气可能面临的风险,得出了中国天然气供需缺口将不断加大、从俄罗斯进口管道气面临价格方面的较大安全风险、LNG进口格局即将改变等结论,指出,"虽然在实际需求和外部压力的推动下,我国发展天然气已是大势所趋,但低碳绝不能过度依靠天然气替代煤来实现。一旦我们和欧美国家一样用天然气替代煤用于第二产业的话,天然气的对外依存度很可能迅速和石油一样超过50%,届时中国将陷入进退两难的境地。由于天然气终端装置已大面积使用,再换回燃煤装置不仅会浪费巨额资本,更会收到环保主义者的阻挠,而继续大量进口天然气则会一直受到高气价和进口中断的威胁。因此,我国发展天然气产业应循序渐进,不能为实现低碳目标而过快发展"③。殷建平认为"发展页岩气对保障我国天然气安全具有重要战略意义,其不仅能弥补我国未来天然气供需缺口,还可以改善我国能源供应的地理格局。在分析借鉴美国页岩气成功经验的基础上,追踪我国页岩气发展历程与现状,提出了发展我国页岩气的三项对策,即公关关键技术、出台扶植政策和创新管理体制"。④ 杨泽伟从法律角度进行相应阐述:"要建立我国能源安全的双边合作法律制度,

---

① 殷建平、袁芳:《从天然气短缺谈我国天然气安全问题》,《价格理论与实践》2010年第4期。
② 李志强:《加快煤制天然气产业,维护天然气供应安全》,《化学工业》2009年第12期。
③ 任重远:《低碳之路下的天然气安全》,第十三届中国科协年会第7分会场——实现"2020年单位GDP二氧化碳排放强度下降40%—45%"的途径研讨会论文,天津,2011年9月,第1—6页。
④ 殷建平、鄢尚军:《发展页岩气是保障我国天然气安全的重要对策》,《改革与战略》2012年第2期。

与能源进口国和出口国的合作，需要国家政府间达成相互理解和信任的油气供需正式协议，明确双方所应承担的法律责任和义务。我国能源安全的多边合作如同石油输出国组织、海湾合作组织、东盟及上海合作组织等机构的合作，可借鉴国际能源机构的运作机制，谋求解决这样一些法律问题：怎样通过多边国际合作建立合理的能源定价机制、如何制定有助于协调发展的法律和制度框架、如何为能源的可持续发展制定国家行动纲领以及如何提供关键性新技术的示范等。"[1]

(二) 天然气产业市场化

天然气产业监管和市场化进程要与产业的发展阶段相适应。吕薇 2003 年提出"我国天然气产业可分为产业初期、产业成长期、产业成型期和产业成熟期"[2]。根据中国天然气产业发展现状，马义飞认为"我国天然气产业正处于产业成长期，接近产业成熟期。此前属于加强监管阶段，此后，随着市场机制的形成，可逐渐放松监管，发挥更多的市场作用"[3]。王少国撰文指出，"天然气市场是以勘探开发、集输和销售为轴心运转的生产经营全过程中，按专业化分工和消费形成的所有商品和生产要素交换关系的总和。天然气产业的市场化就是让市场在勘探开发、集输和销售领域发挥应有的作用，以推进天然气资源的有效开发和利用"。针对"中国天然气产业市场化面临的诸如法律体系不完善、政府管理体系不健全、国有和垄断程度过高、天然气出厂价格偏低、价格管理体系不完善"，提出"建立天然气行业管理的法律体系，构建政府管理体制和监管体系，降低市场垄断程度，促进市场竞争，逐步构建和推行竞争性

---

[1] 杨泽伟：《我国能源安全保障的法律问题研究》，《法商研究》2005 年第 4 期。
[2] 吕薇：《天然气行业发展的四个阶段》，《中国石油石化》2003 年第 4 期。
[3] 马义飞：《我国天然气产业监管与市场化进程研究》，《生产力研究》2010 年第 7 期。

天然气市场定价机制四个方面的完善措施"。①

天然气价格形成机制对天然气产业的发展至关重要。"我国天然气价格一直是由政府管理，实行的是国家定价或国家指导价。目前，根据国家颁布的价格管理权限，天然气进口价、净化费和管输费由中央政府管理，城市配送气服务费由省（市）地方政府管理。"王俊豪通过对中国管道燃气规制价格形成机制的研究，提出要进行业务拆分，引入竞争机制，并实行价格调整，试用两部制定价方法。武盈盈"通过对天然气价格水平进行国际比较和等热值比较，证实我国天然气出厂价格偏低，住宅用气价格偏低，工业用气价格偏高；认为价格扭曲会带来需求的急剧膨胀和供给短缺。建议在政府规制框架内形成灵活的、考虑市场竞争因素的定价机制；改变目前使用的成本加成法，逐步过渡到净回值推定价方法"。②

（三）天然气产业政府规制

现代意义上的规制行为是指政府（或规制结构）利用国家强制权对微观经济主体进行直接经济控制与干预，其目的是克服"市场失灵"状况下产生的低效率配置，实现社会福利最大化。"从本质上讲，规制治理结构主要解决的是利益冲突的控制问题，包括不同规制机构之间、规制机构与规制企业之间、规制结构和规制企业与消费者或公众之间的利益冲突。"③ "规制是天然气产业发展到一定阶段的必然选择。英美等天然气工业较发达国家，天然气工业的发展都经历了全面管制到放松管制，最后实行完全竞争，这是天然气工业发展到一定阶段的必然选择。"④

学者们对天然气产业定性有三种不同的观点。垄断说：张昕竹

---

① 王少国、房宏琳：《中国天然气产业的市场化研究》，《学术交流》2013年第1期。
② 武盈盈：《国内外天然气价格水平比较分析》，《国际石油经济》2008年第10期。
③ 张昕竹：《论垄断行业改革的理论基础》，《经济社会体制比较》2011年第3期。
④ 赵映川：《国外天然气产业规制改革研究》，《科技创业月刊》2012年第2期。

认为:"天然气是稀缺资源,且地理分布不均衡,天然气的管输、配送等具有明显的网络经济特征;天然气具有很强的范围经济效益性;资产的沉淀成本高,形成了较高的进入壁垒,天然气产业属于自然垄断产业,应加强政府规制。"[1] 竞争说:王俊豪认为:"对自然垄断产业的进入规制具有双重性:一方面,由自然垄断产业的技术经济特征所决定,需要对新企业的进入实行严格控制,以避免重复建设、过度竞争,导致产业内的不可维持性等问题;另一方面,进入规制并不等于不允许新企业进入,政府规制者需要适度开启新企业进入的'闸门',通过直接或间接的途径,以发挥竞争机制的积极作用。从动态观点看,天然气市场规模完全可以支持多家公司的存在。天然气产业包括资源的勘探、开发、储运、工程技术服务、销售等环节,这些生产环节多属于竞争性。天然气产业面临着潜在进入者、替代能源、消费者、外国资本的竞争,天然气产业具有竞争性特点,应放松管制。"[2] 折中说:杨丽萍认为:"天然气产业既不属于纯粹的垄断产业,也不属于纯粹的竞争性产业,在上游的开采,下游的销售等环节具有更多的竞争特性,而在中间的管输等环节则具有更多的自然垄断特性,因而应该区别进行规制。"[3] 陈守海"中国天然气产业的垄断是法定垄断、自然垄断、行政垄断和经济垄断的结合体"。[4] 胡鞍钢"中国经济发展的瓶颈不是资源的短缺,而是资源配置的低效率,而要解决资源利用的无效性问题,必须通过市场机制,通过鼓励竞争来实现,可以说,当前中国经济

---

[1] 张昕竹:《中国规制与竞争:理论与政策》,社会科学文献出版社2000年版,第67—72页。
[2] 王俊豪:《政府管制经济学导论》,商务印书馆2001年版,第55—63页。
[3] 杨丽萍、郭广珍:《天然气产业的规制与改革研究》,《山东科技大学学报》2004年第3期。
[4] 陈守海:《中国天然气产业的垄断及法律规制》,中国法学会能源法研究会"2009能源法年会"论文,北京,2009年8月。

改革的重点已经转向打破垄断"①。

对上游垄断的规制，学者陈守海认为"在上游市场制造竞争者的办法应当是放开准入，允许不同经济性质的企业进入这一领域。为了使新进入者有途径获得相应的资金、技术能力，成为有效的竞争者，应当允许它们之间或直接与外国石油公司合作。为了解决新进入者无气可探可采的问题，应当规定严格的区块回收制度，允许区块转让，还应当赋予任何有能力的公司进口天然气的权利"。

（四）法律、法规体系

中国天然气产业发展迅速，但是立法明显滞后。目前天然气产业的法律框架主要由两部分组成：一部分是普遍适用的法律，主要是环境保护、质量、土地管理、价格、税收以及工商、行政管理等方面的法律法规，如《价格法》《反不正当竞争法》《反垄断法》《招标投标法》《消费者权益保护法》等；另一部分是适用于天然气产业的专门法律。在天然气产业上游领域，有以《矿产资源法》《对外合作开采海洋石油资源条例》《对外合作开采陆上石油资源条例》为核心的法律框架，其基本目的是体现国家对天然气资源的所有权。在天然气产业中、下游领域，适用于对长距离管输进行管制的专门法规只有《石油天然气管道保护法》，其主要侧重于维护管道的安全；在城市输、配气环节，主要使用的法规是《城市燃气管理办法》以及各地根据该法规制定的地方性法规，其立法的基本出发点是将城市配气系统作为公用服务事业，除了较多的关注安全等问题外，在准入、价格等方面强调政府的直接管制。学者们一致认为中国现有天然气法律体系中存在多领域空白、法律层次较低和管理体制不完善的问题。

张志军认为中国"石油天然气应采取全行业统一立法的模式，

---

① 胡鞍钢、过勇：《从垄断市场到竞争市场：深刻的社会变革》，《改革》2002年第1期。

能有效避免不同事项立法或上中下游分别立法所产生的各单行法之间的矛盾或冲突，有利于构建统一的石油天然气法律体系"[1]。刘进利认为"我国天然气产业立法应该包括市场准入法、市场竞争法、市场监管法"[2]。刘岩认为"《天然气法》至少应包括以下内容：各级政府的职责，政府监管机构的组织、地位、权力、义务、财务、监管原则和运行机制等，天然气运输管理模式和运行机制，天然气生产企业、管道公司、配送公司、销售公司的地位、资格、权利和义务，天然气和管输费确定的原则和定价机制，管道建设及运营的审批、施工、维护、安全保障、第三方准入、容量买卖等，对外合作的模式及领域，消费者权益保护，HSE，天然气进出口、违法处置等"[3]。陈玉龙"逐步确立《天然气法》的基本框架，并与《矿产资源法》相衔接。可发布相关政策法规，对天然气上下游市场准入、管道运输包括向第三方开放、配送和销售、定价原则、监管制度等作出规定，在逐步完善"[4]。罗东坤借鉴欧美经验，认为"面向竞争的法律制度只能局限在长距离输送领域。要对长输管道实施协商的第三方准入制度"[5]。中国拥有丰富的煤层气资源，但中国在煤炭和煤层气的开采关系上存在误区，煤炭矿业权与煤层气矿业权存在冲突，缺少煤层气开采的相应法律。袁华江"建议政府在修改《矿产资源法》或单独立法时考虑颁布《天然气法》，兼含对煤层气的开发利用规制内容，明确对特定共伴生矿产资源的探矿权申请规则，规定探矿权申请在先原则的例外情况，确立共伴生矿产资源一体化开发利用的法律原则；结合《物权法》强制实施气体矿产的

---

[1] 张志军：《我国石油天然气立法模式的选择》，《中国石化》2007 年第 11 期。
[2] 刘进利、时光玉：《我国天然气产业管制模式改革分析》，《天然气技术》2008 年第 2 期。
[3] 刘岩：《加快中国天然气行业立法进程》，《天然气工业》2004 年第 6 期。
[4] 陈玉龙：《我国应加快天然气立法进程》，《天然气工业》2001 年第 5 期。
[5] 罗东坤、褚王涛：《借鉴欧美经验制定中国天然气法律》，《天然气工业》2007 年第 1 期。

登记权利、发证制度,对气体矿产的中外合资合作开发实行合同强制备案制度,明确合同中中外各方的权利和义务"①。

三 中国天然气产业发展研究存在的问题与展望

从以上分析可以看出,近些年来中国对天然气产业研究发展十分迅速,许多专家学者在研究中国天然气产业发展问题的同时积极引进和借鉴国外天然气产业发展的理论和经验,并提出了许多有益的建议和思考,这将对中国天然气产业发展起到重要的指导作用。但同时我们也应该认识到,中国天然气产业还处于产业成长期,指导天然气产业发展改革的重大理论还有待突破和提高,尤其是在天然气产业市场化改革的理论探讨上,"从根本上讲,市场化改革的基本指南是现有的市场经济理论,但非常遗憾的是,这些理论结构只是关于市场经济体制的问题,并没有解决以中国为代表的一些转型国家所面临的转型问题"②。

天然气是关系国家安全的战略性资源,但天然气也是商品,可由市场最大限度地发挥配置资源的基础性作用。在中国的天然气领域,大型国有企业覆盖了从勘探、开采、运输、流通,再到批发、零售的全部环节,在很大程度上仍实行计划与市场并存的双轨制。在这种体制下,价格机制在天然气生产经营中的自动调节作用受到了抑制。对天然气产业来说,所谓市场化改革,就是要建立全国统一开放的市场体系,清除分割、封锁市场的行政性壁垒,营造公平竞争的市场环境,鼓励多元投资主体进入,建立以市场形成价格为主的价格机制。虽然学界对天然气价格市场化改革的趋势一致认可,但是,如何进行价格市场化改革?目前,中国天然气使用阶梯

---

① 袁华江:《国外煤层气产业政策及其对我国的借鉴意义》,《国际石油经济》2009 年第 11 期。

② 张昕竹:《论垄断行业改革的理论基础》,《经济社会体制比较》2011 年第 3 期。

定价，但是这种非线性定价方式极为复杂，一些理论和实证问题至今仍是世界难题。在现有资源产品市场垄断格局不变、制度安排不变的前提下，应该采用什么样的价格规制方式，在价格调整面临日益严峻的公众压力下，如何设计实现效率、节能、公平等政策目标的最优定价，现有文献并没有答案。这也是需要学者们继续努力深挖的研究方向。

要打破行政垄断，并对市场垄断进行管制，主要利用法律武器。在这方面，有许多西方国家比较成熟的反垄断法律可以借鉴。中国竞争机制中不容忽视的问题就是中国的反垄断制度建立较迟，中国的竞争政策对于天然气产业打破垄断引入竞争并没有发挥应有的作用，现有的反垄断制度框架和法律规则，甚至是允许和肯定这样的垄断状态的。这或许为中国天然气产业的发展投下一道阴影。此外，还应针对天然气产业自身的行业特点制定《天然气法》，对油气资源所有权、管理权与经营权有明确的划分，对各级政府的权限、监管体系、财税制度与分配制度、管道安全等进行法律的规范统一。

除了法律层面，中国天然气产业政府规制的另一个层面就是管理体制问题或者说是规制治理结构问题。世界规制改革实践似乎表明，建立专业的具有合理监管范围的独立监管机构是建立规制治理结构的关键，但中国在规制机构改革中，并没有采取建立独立监管机构的方式，而是在现有的行政体制下，建立垄断行业的规制治理结构。因此，天然气产业改革最终的落脚点应在产权改革、开放准入、引入和促进竞争、放松规制以及法律配套完善上，这些问题还需要理论界和实务界进一步探讨。

从巴厘岛到哥本哈根，从坎昆到德班，从多哈到华沙，中国政府切实履行绿色发展的庄严承诺。从国家"十一五"规划首次设立约束性指标，到党的十八大提出"美丽中国"，中国正逐步告别粗放式发展，走上绿色低碳发展、永续发展之路。在能源和环境承载能力优先的约束下创造更多有效产出，并降低污染损害，实现生态文明建设目标，这是我们当前要解决的大问题。未来的天然气产业发展研究，还任重道远。我们的学者要积极拓宽选题范围，寻找新的创新点，深入研究域外的天然气产业发展轨迹，同时还要关注学术的本土化，要结合中国的实际，处理好法律移植与本土化的关系问题，丰富研究方法，提高学术规范水平，坚实基础理论研究。不断推动中国天然气产业研究的深入与制度完善。

第四节　选题意义

一　理论意义

一直以来，中国都将油气产业看成是事关"国计民生"的重要产业。既然是关系"国计民生"，那就理所当然地由"国家治理"；既然是"国家治理"，那就应由"国家资本"进行"国家保护"；既然是"国家保护"，那就应由"国家经营"，进而形成了法定的垄断性产业结构，由大型国有企业采用垂直一体化的生产方式独家运营。在这样一个严密的政治逻辑和经济逻辑下，中国天然气产业的宏观政策和法律制定体现出强烈的行政色彩，一贯秉承着"资产政府拥有""领导政府任命""价格政府制定""经营政府控制""盈亏政府负责"的运行模式。在强烈的计划经济背景下，天然气产业的改革进程远远滞后于其他产业。

油气产业和铁路、电力、供水等行业一样，是典型的通过基础设施向个人和组织提供普遍必需品和服务的产业，具有公共事业性、网络型、投资沉淀性、规模经济性等特征，这类产业被统归为（准）公共产品。在当代，由于公共产品所面临的产业化挑战以及自身的"多元善治"的需求，客观上要求法学理论重新认识国家、市场及社会在提供和生产公共产品中的职责、权力（权利）和义务，以及保证这些职责、权力（权利）和义务的有效和正当履行，并在此基础上构建相应的法律调整机制。从理论上讲，（准）公共产品领域既是经济学放任自由主义与国家干预主义理论的理论交锋处，同时也是法学研究中公法理论和私法理论的临界交会点。（准）公共产品理论总是和公共选择理论相联系，这使得本书的选题不仅具有经济意义和政治意义，更具有法律意义。

二 现实意义

能源战略与能源安全问题一直是国家发展无法回避的重要课题和基本任务。随着中国能源对外依存度的不断提高，中国的能源安全已经从国内空间层次提高到国际空间层次，成为涉及国家安全的大问题。对天然气产业进行系统研究，是确保国家能源战略与安全应有之义。

党的十六大、十七大、十八大报告连续提出了深化"垄断行业改革、引入竞争机制"的问题。目前，中国垄断行业改革已经进入"深水区"，如何进一步深化和推进改革成为学术界、政界和企业界都密切关注的焦点问题。在这一背景下，本研究选取在国民经济和社会发展中具有重要地位、关系到国计民生的天然气产业进行系统深入的研究，具有重要的现实意义。

天然气产业因其特殊的公共属性、自然垄断属性及技术经济特征，其法律机制的供给设计不同于其他一般行业的制度供给设计。天然气产品的供给决策，是公民与政府多对一的关系，公民的选择意向和需求偏好不能像在私人产品领域那样通过价格机制来表达与直接显示，公民共同要求的满足和公共利益的实现直接关联在一起，从而涉及公共选择问题，这就需要通过现代民主制度在集体行为与个体行为之间架起桥梁。可见，天然气产品的供给不仅是一个复杂的动态经济活动，还是一个重大的政治活动，其供给机制同时具有较强的经济性和政治性。因此，将以天然气产业的健康发展纳入法学研究视野不仅必要而且意义深远。

人文社会科学发展研究的一个重要使命就是积极回应社会生活中的现实问题，促进社会的良性发展。学者伯纳德·施瓦茨曾指出"一种效力于社会的法律制度比柏拉图的大群捍卫者脱离社会需要的空洞概念更好"[1]。中国著名法学家苏力先生也曾指出"法学不是冥想的事业，而是实践的事业，是一种社会化的实践。法学研究必须关注现实，回答现实生活中人们关心的问题"[2]。"法律的最终目的是社会福利。"[3] 由此看来，在当前背景下对天然气产业市场化进行法律规范性研究具有现实意义。

第五节　研究基本思路、研究方法及创新与不足

一　研究基本思路

本书秉承这样的研究思路：

第一，宏观层面的研究思路是立足于解决现实问题，充分结合社会发展趋势构建天然气产业市场化法律制度供给。这种思路设计，一方面能保障制度构建的针对性，另一方面能确保所构建的制度在较长时期内稳定有效。要使这一思路贯穿于行文，难点不在于解决现实问题的制度构造，而是如何使制度构造符合社会发展趋势，即制度设计的前瞻性问题。要解决前瞻性问题，其根本在于对社会发展趋势的准确认知，科学的立法理念和发达的立法技术是处

---

[1]　[美]伯纳德·施瓦茨：《美国法律史》，王军等译，法律出版社2007年版，第1页。
[2]　苏力：《制度是如何形成的》，北京大学出版社2007年版，第26页。
[3]　Benjamin N. Cardozo, *The Nature of Judicial Process*, Yale University Press, 1921, p.66.

理好前瞻性问题的根本保障，将对社会发展趋势的考量内化为制度设计之中，是处理好前瞻性问题的路径依赖。

第二，微观层面的制度设计思路是充分吸纳既存法制和现有研究成果的合理因素，结合当前天然气产业市场化改革试点的有效成果进行制度创新。当下中国处于社会转型期，这意味着我们的研究对象既裹挟在旧有的制度框架内，又隐含着未来发展趋势的创新因素，因此在天然气产业上游、中游、下游市场化法律制度设计中应积极吸纳既存制度中的合理因素，进行相关理论思考和制度考量。但是，创新仍然是主线。因为，既存法律制度、现有的理论探索，都未能实质性地解决转型期内中国天然气产业存在的诸多尖锐问题。

二　研究方法

选用恰当科学的研究方法，是顺利开展研究工作的基础。本书坚持理论与实践相结合，采用辩证分析、规范分析、实证分析、系统分析等方法展开论题研究。同时运用当代法学理论研究的新成果，也吸收和借鉴经济学、政治性、社会学研究思路。具体而言，主要运用了以下几种方法进行研究。

（一）辩证分析法

辩证分析法是按照客观事物运动与发展规律，认识事物的思维和分析方法。在考察中国天然气产业政府监管体制的过程中笔者始终认为，天然气产业政府监管体制的变革是伴随着该产业自身的产业组织变革而开始的，而天然气产业监管体制又是在国家的一般性经济和行政制度改革的整体框架下进行的，因此，在探讨天然气产业政府监管改革之起始条件时，不但要回顾该产业的历史变迁，还必须对中国经济行政制度的一般特征及其演进对该产业监管体制建设的影响作简要评估，同时对域外天然气产业政府监管经验进行分析和借鉴。当然，中国天然气产业监管体制深化改革的目标和原则设计，必须要建立在本国既有的多重制度禀赋之上。

（二）规范分析法

本选题研究的一个重要工作就是对中国天然气产业既存的规范性法律文件进行全面、细致的梳理和解读。现行相关立法缺乏系统性、逻辑性，有明显的碎片化、行政化的特点。除法律、法规、规章外，还有很大部分是以政策的形式出现，并且作用巨大。政策性文件的灵活性高于法律规范，因此，将大量的政策性文件纳入规范分析范围，将更能保障我们的建议具有科学性。

（三）实证分析法

实证主义方法是社会研究方法中非常重要的一种研究方式。实证主义论者坚定地认为，社会研究应当向自然科学研究学习，在对社会现象进行客观观察、深入研究后得出严谨结论。其目的在于，探究和理解我们所生活的世界。[1] 本研究立足于中国当下特殊的时代背景，意在梳理中国天然气产业目前存在的问题，通过走访相关企业、咨询行业内专家，获得了第一手资料。系统研究中国天然气产业在运行中的实然状态，针对天然气产业政府监管机构、天然气产业上游、中游、下游市场化面临的困境，分析问题并提出解决的思路和办法。

（四）系统分析法

近代以来，体系化一直被认为是科学和理性的标志之一，通过对问题的体系化分析，可以客观、全面的处理问题。从自然科学方法开始被运用于法学及法律事务，体系思维也深入法学内部。[2] 天然气产业运行中，既有政府行为，又有市场行为。因此在天然气产

---

[1] 风笑天：《社会学研究方法》，中国人民大学出版社2005年版，第2—7页。
[2] 舒国滢等：《法学方法论问题研究》，中国政法大学出版社2007年版，第432—433页。

业上游、中游、下游的法律调整中必不可少的会出现多元的、混合的、复杂的局面。因此，在本书中，系统分析是极其重要的，这种研究方法的应用，可以尽量将制度分析置于内部统一而外部协调的框架下进行。

三 创新与不足

第一，本书选题新颖。目前，关于天然气产业改革的讨论是政府、学界关注的前沿问题和关键领域。梳理现有文献资料可以发现，经济学、管理学、政治学领域中的研究成果颇丰，但以天然气产业市场化法律规范研究为题进行系统性研究的成果在国内还不多见，本选题本身具有一定新颖性。

第二，研究视角新颖。从研究对象看，天然气产业本身呈现的是一种经济学意义的概念，因事关国计民生，使其又具有一定的政治色彩。对这样一个庞大、复杂的产业单纯进行法学分析是难以透析的，因此，本研究是在综合应用政治学、经济学、法学、社会学、法经济学的研究方法对该产业进行多角度的分析与探讨。

第三，观点新颖且具有可操作性。

针对天然气产业上游市场化法律规范设置，笔者指出应以矿业权市场化为核心进行制度构建。就主体准入规范设置而言，要破除天然气产业在勘探开发领域中的政策性壁垒，保障民间资本投资天然气资源勘探开发的法律地位。针对上游矿业权交易规范设置，提出要逐步提高天然气资源矿业权市场化水平。要把国家出资探明矿产地的矿业权出让作为矿业权一级市场建设工作的重点。遵循国际惯例，合理确定矿业权使用期限。建立适合中国物权制度的矿业权流转制度。为推动天然气矿业权市场的有序发展，促进天然气资源的开发、环境保护，亟须制定《天然气法》，建立有效的矿业权交易制度，进一步优化探矿权和采矿权流转的条件、程序；明确矿业权用益物权登记制度，理顺矿业权审批制度与物权登记制度的关系；明确矿业权抵押、出租、作价入股等规定。要打破传统的"公有、公用、公营"的运行模式，就必须引入矿业权市场竞争和有偿获取矿业权的制度安排。除此以外，还应大力培育和发展社会化的矿业权评估、法律咨询、代理等中介结构，开展相关业务咨询活动。利用现代化信息网络技术，搭建矿业权市场交易信息平台。

针对天然气产业中游市场化法律规范设置，笔者指出应以"网运分开"制度的构建为中心进行制度构建。天然气产业中游市场化法律规范设置应在拟定和颁行天然气产业中游市场化规范性文件的时候，尽可能提高规范性文件的法律位阶。针对天然气中游产业市场化规范设置，要区别既存管网规范和新设管网规范进行设置。对既存管网规范，应成立新的规格较高的油气管网设施国家管理公司，以杜绝可能产生的垄断；对增量管网的规范设置，应将增量管网单独立法。针对主体准入规范，应实现完全的市场化，即各类经营主体，无论是国有、私有或者混合制资本均能平等地进入增量管网的建设和运营市场。由监管部门给出能够进入该行业的准入标准。进入该领域的市场主体只能专营增量管网的建设和运营业务，而不能进入上游或下游产业领域。就市场交易规范而论，在实现"网运分开"的初期，为防止中游产业垄断性形成而影响市场化进程。监管机构必须制定一套可以控制的价格形成机制。就主体退出规范而论，经营主体退出机制可基本参照《公司法》《企业破产法》等规范性文件。但鉴于天然气管输服务以及相关的管输设备涉及公共利益甚至国家安全。因此应建立具有一定管制色彩的财产权抵押制度、经营困难时期的接管制度以及特殊的破产财产拍卖机制。

针对天然气产业下游市场化法律规范设置，笔者指出应以特许经营制度的完善为中心进行制度构建。构建合理的特许经营制度，须准确认知特许经营协议的公、私契约的二重属性。在主体准入规范补缺中,需要对招标程序优先性构建及竞争性谈判程序的有效设置;在规范市场交易时,应基于平等地位的特许经营主体与公用部门交易规范设置;在主体退出机制设置上,可对特许经营主体破产和主体对资产使用权的物权塑造。

本研究的不足在于这一选题兼具理论和实践性质,需要综合运用法学、经济学、管理学、政治学等多个学科的知识,在对本书的构思和写作过程中深感学识积累不足、专业背景欠缺。由于研究对象过于庞杂,对天然气产业市场化制度构建中的市场主体准入、市场交易规则和退出机制的探讨还有待进一步理论升华。研究中有相当多的资料和结论来源于公共信息和资料,实地考察和调研还不够细致深入。

第 二 章

天然气产业法律规制的理论基础

第一节 天然气的自然属性和天然气产业的技术经济特征

天然气作为一种不可或缺的化工原料和基础能源,在国民经济中占据重要地位,这是由天然气自然属性及技术经济特征所决定的。准确认识天然气的自然属性和产业技术经济特征,对于经济学规律在该产业的研究以及进而对法律的制度性跟进探讨有重大意义。因此,在对天然气产业进行法律制度梳理和制度供给之前,首先探讨天然气和天然气产业的特征和属性。

一 天然气的自然属性

根据1983年第11届世界石油大会对石油、原油和天然气的定义,"石油(Petroleum)指的是在地下储集层中以气态、液态和固态天然存在的,以烃类为主并含有非烃类的复杂混合物。原油(Crude oil,简称Oil)指的是地下储集层中以液态天然存在的,并在常温和常压下仍为液态的那部分石油。天然气(Natural gas,简称Gas)是指在地下储集层中以气态天然存在的,并在常温和常压下仍为气态(或有若干凝液析出),或在地下储集层中溶解在原油内,在常温和常压下从原油中分离出来时又成气态的那部分石油"[1]。《中华人民共和国对外合作开采陆上石油资源条例》和《中华人民共和国对外合作开采海洋石油资源条例》中均明确界定"石油"概念,指的是"蕴藏在地下的、正在开采的和已经采出的原油和天然气"。由此可以看出,石油包括原油和天然气,天然气从自然属性上讲是石油的一种形态。[2]

虽然石油、天然气同为烃类和非烃类混合化石燃料,但石油、天然气产品各具特色:首先,二者的运输途径不同。天然气在常温下为气态,只能通过管道输送,天然气产业是典型的网络型产业;而石油为液态,可通过油罐车、油轮或油桶运输,并非仅有管道运输一条途径。其次,市场区域不同。天然气市场多为地域性市场(local market),受运输途径的限制,天然气多在邻近国家形成区域输送市场。根据天然气照付不议合同,天然气供应变数不大;而油品市场多为全球性市场(global market),受国际油价、汇率波动及供应不稳定等因素影响,石油市场变数较多。最后,清洁性不同,石油不是清洁能源,而天然气是一种清洁能源,其主要成分是甲烷,另有少量的乙烷、丙烷和丁烷,燃烧后生成二氧化碳和水,不产生硫氧化物。天然气经燃烧后,产生的氮氧化物是煤炭的20%,产生的温室气体远远少于石油和煤炭,符合《京都议定书》全球二氧化碳减量的要求。同时,天然气也是一种较为安全的能源,它的比重较空气轻,漏气时向天空飘散;不像液化石油气氧化后的气体比重较空气重,会向地面流窜,遇火花易爆炸和燃烧。

根据不同的分类方法和角度,对天然气有不同的分类结论。一

---

[1] 王遇冬主编:《天然气开发与利用》,中国石化出版社2011年版,第1页。
[2] 在实践中,我国习惯将原油称为石油,因此,我们常常可以看到"石油天然气"这类提法。本书将沿用这些习惯称谓。需要指出的是,在国际交往中,石油、原油和天然气是严格区分的。如:中国石油天然气集团公司英文翻译为China National Petroleum Corporation(CNPC),期刊《Oil & Gas Journal》(美国)的中文翻译为《油气杂志》。

般而言，由传统油气勘探理论和成藏模式找到的油气藏，通常被称为常规油气藏，由此开发出的天然气被称为常规天然气；而在勘探实践中难于用传统的油气生成理论解释开发出的天然气被视为非常规天然气，包括煤层气、页岩气及致密气等。此外，还需要关注的是液化天然气（LNG）和液化石油气。

液化天然气是将开采出的天然气经过净化加工后，在常压下压缩、膨胀、液化、冷冻至-1620℃（-2600℉），使它成为一种无色、无臭的液体，体积缩小为原气态时的1/600左右，重量为同体积水的45%左右。这种物理属性的改变，有助于其远距离海洋运输。LNG和柴油燃料相比，具有抗爆性好、燃烧完全、排气污染少、发动机寿命长、运输成本低等优点。

液化石油气是原油炼制或天然气加工处理过程中所析出的丙烷和丁烷混合物，在常温常压下为气体，经过加压或冷却即可液化，经常加压装入钢瓶中供用户使用，故又称为液化瓦斯或桶装瓦斯。

二　天然气资源的特征

（一）天然气资源的不可再生性

天然气资源是在上万年甚至是上亿年的漫长地质年代中形成的，具有不可再生性。而恰恰是这种不可再生性决定了天然气资源的稀缺性。经过勘探、开发、加工，形成天然气产品，具有商品属性。天然气的商品属性决定了中国天然气产业市场化进程的必要性和重要性。随着容易开采和消费市场附近的廉价天然气资源的减少，未来人们要找的天然气资源主要集中在深海、沙漠、荒滩、高山和高寒等不毛之地，勘探和开采剩余天然气资源的技术难度日益加大，生产和运输成本将大大提高，因此，油气资源短缺的时代迟早要到来。全球油气资源分布、生产与消费在地理上的不平衡性所造成的油气经济要素的分离加剧了国家之间的竞争，进一步凸显了油气资源的特殊价值。

(二) 天然气资源分布的不均衡性

由于地壳运动的不均衡性,形成了地球上各种岩石分布的不平衡,这使得天然气资源具有非常强的地域性和国家性。需要指出的是,天然气作为能源资源,其本身虽然不具有政治属性,但是工业革命以后,能源成为现代经济社会运行的基石和世界各国生存与发展的前提;而油气资源天然的稀缺性和供求区位的不均衡性,使其事关国家的国计民生和国家安全,由此赋予能源"政治商品"和战略资源的属性,变成国家间政治、经济、外交博弈的重要武器和世界各国激烈竞争的实力要素,与现当代国家关系息息相关。

(三) 天然气资源的隐蔽性

天然气资源埋藏于地表下,决定了相关矿业活动必然以地质勘探工作为前提,这也带来了矿产资源综合开发利用率的问题。随着地质勘探工作的不断深入及科学技术的不断进步,人类对于天然气资源的获取能力大大加强。尤其是美国页岩气的成功开发,这为全球非常规天然气的开发树立了典范,中国也在积极着手推进煤层气、页岩气等非常规油气资源的开发利用。

三 天然气产业的技术经济特征

天然气产业是"以天然气的勘探开发、集输、销售和利用为主业的生产经营企业结成的企业集合"[1]。国家有义务以合理的价格向本国国民提供安全、可靠的天然气产品和服务。对天然气产业进行法律规制,必须立足于其技术经济特征。天然气产业具有以下几个方面的技术经济特征。[2]

---

[1] 李晓西主编:《中国传统能源产业市场化进程研究报告》,北京师范大学出版社2013年版,第151页。

[2] 刘戒骄:《公用事业:竞争、民营与监管》,经济管理出版社2007年版,第2—5页。

（一）天然气产业是网络型基础产业，具有自然垄断性

《孟子·公孙丑》曰："必求垄断而登之，以左右望而罔市利。"就是说站在集市的高地上操纵贸易，也可以解释为把持和独占，想方设法组织他人涉及自己的领域。这一说法与欧文·费雪（Irving Fisher）在 1923 年将垄断定义为"竞争的缺乏"有异曲同工之处。通说认为，网络型基础产业，是以实体"网络"[①]为依托进行经营的产业，该产业在生产、传输、销售及消费各个环节联系紧密，如供热、铁路运输、自来水、天然气、电力等自然垄断产业，生产商和消费者间必须依靠能覆盖其市场范围的传输、分销网络才能完成产、供、销的经营。[②] 鉴于其网络建设的资本沉淀性和传输服务的专用性，自然垄断产业存在较高的准入障碍。

长期以来，中国自然垄断产业基本上由一个行政部门或行业所把持，实行垂直一体化垄断经营，在自然垄断产品生产过程中不区分自然垄断环节和竞争环节，实行一揽子管理，在这种经营管理模式下，成本增加，效率降低。自然垄断产业的产品生产，并不意味着所有的业务都具有自然垄断性质。如何分解自然垄断产品生产的垂直垄断结构，从制度上铲除限制竞争的基础，已经成为自然垄断行业进一步改革的重要课题。

天然气产业是典型的自然垄断性产业，产业上游的勘探、开发和产业下游的销售必须通过天然气管道来完成。天然气管道网络是由多个结点和链接组成，自身形成一个网状配置系统。[③] 对于希望进入天然气市场的潜在竞争者而言，只有通过管道设施，才能将天

[①] 有学者将网络（network）划分为三类，一类是实体网络（物理状态），即物质网络作为实体的基础设施；一类是虚拟网络，包括管理、组织、信息、营销网等；还有一类就是英特尔网。黄海波：《电信管制：从监管垄断到鼓励竞争》，经济科学出版社 2002 年版，第 2 页。

[②] 赵卓：《竞争、产权、规制与网络型基础产业绩效》，中山大学出版社 2009 年版，第 31 页。

[③] 黄纯纯：《网络产业组织理论的历史、发展和局限》，《经济研究》2011 年第 4 期。

然气产品最终送到消费者手中。离开管道传输网络，消费者很难甚至不能取得天然气。这种网络依赖性使用户的选择权受到限制。

（二）具有规模经济与范围经济效益

天然气产业是利用管道网络提供天然气产品的，网络传输规模越大意味着固定投资越大，因此，用户需求量越多，固定成本可分摊到的用户数量就越多，收到的网络供应系统规模经济效益和范围经济效益也就越大。

（三）具有投资的专用性和沉淀性

天然气产业是通过管道网络传输天然气产品的。投资的专用性是指天然气管道在现有技术条件下能且只能传输单一的天然气产品；投资的沉淀性是指管道网络一旦铺设成功（没有外力干扰，比如战争、地震等其他因素）将长期使用。这种资本沉淀性和专用性一方面造成了自然垄断产业的准入壁垒，另一方面也意味着在同一区域重复建设管网，并由多家企业竞争性经营管网，往往是低效率的。但对于自然垄断产业中沉淀成本较低的非网络环节，可以存在多家厂商相互竞争。

（四）天然气产品的需求弹性小和替代性低

天然气产品不仅是寻常百姓的日常生活必需品，也是发电、化工等领域重要的生产要素，因此需求弹性较小。一般情况下，当某种产品或服务价格上涨时，消费者会将目光转向消费价格较低的替代品。消费者对某类商品或服务的需求会受到其他替代品的质量、服务及价格水平的影响。拿天然气来说，其替代品就有煤炭、电等。基于此，管道天然气有可能面临来自其他可替代性能源产业的竞争。但是，管道天然气同其他替代品相比也有自己的独特优势，如：天然气和煤炭相比是清洁能源，有利于降低二氧化碳的排放量；天然气和电相比，具有价格优势；管道天然气和瓶装天然气相比，具有方便、安全等优势。用户一旦缴纳管网建设配套费用，初次消费后，便成为永久用户，使得其他产品的替代性大大降低。

（五）天然气产品供给的连续性和消费的非均衡性

理论上来说，商品供给的连续性一般指如下两种情况，一是不间断地提供某类产品或服务；二是商家在连续生产状态下，单位产品或服务的生产成本要比间断性生产低。而消费的非均衡性则是指消费者对某类产品或服务的需求量不稳定。以天然气为例，天然气在冬季就会比夏季需求旺盛，而不论春夏秋冬，天然气的需求也常常存在早、中、晚三个高峰。天然气产品消费时间和消费数量的波动性，导致了生产的显著不均衡性。从天然气产品供给的连续性和消费的非均衡性这两个产业特质出发，作为天然气产业的经营者，一方面要尽力做到生产或服务的不间断供给，另一方面还要具有一定的调峰能力，实现供给与消费的均衡。

综上所述，在上述特征中，既有阻碍天然气产业商业化经营的因素，也有要求天然气产业进行商业化经营的因素。一些因素削弱了天然气产业利用市场机制产生一流绩效的能力，另一些因素又为天然气产业提供了像其他产业一样进行商业化运营的可能。天然气产业无论是引入市场机制还是管制都面临着特殊的技术障碍和问题。

第二节　天然气产品供给的政治经济学理论分析

本节要讨论的是：天然气的公共产品属性。进一步而言，天然气是纯公共产品还是准公共产品？该产品应该由谁来提供？从逻辑上来讲，公共产品由谁来提供？又可以分解为如下两个问题，一是从规范性、应然性角度分析，即公共产品究竟应该由谁来提供；二是对规范分析的检验，即从理论和实证的角度说明公共产品实际上由谁来提供。

一 天然气是准公共产品

"概念是解决法律问题的必备条件。假如没有严谨的概念,我们便无法理性地思考法律问题。若试图完全放弃概念,那么整个法律大厦将化为灰烬。"[①] 本书选取天然气为研究对象,讨论针对天然气的有效供给前提下的国家经济职能和相应权责配置,以及国家、市场与社会在公共经济领域合作、互动关系的法律调整。只有在深入分析、准确认识天然气产品性质及其供给机制的基础上,才有可能沿着经济学关于经济活动的内在规律进行探讨,建立起符合经济活动的外在规则。唯有此,才可能真正厘清市场经济的边界问题,甚至将本研究上升到一个新的高度,回答国有经济在转型期内"提供什么?""由谁提供?"以及"如何提供"等问题。

(一)公共产品、私人产品、准公共产品

人类纷繁复杂的社会生活是由若干个个人的行为所结成的社会关系形成的,进而,这种社会关系又被固化为一种社会制度。一方面,个人的行为都是私人性的,其目标首先是满足个人需求,追逐私人利益;另一方面,个人行为间的相互碰撞和交往产生了"公共"需要,大家需要对"公共"事务进行协商处理。在社会分工日益细化的今天,人与人、人与社会、社会与国家间的关系也趋于复杂,出现了越来越多的公共产品(public goods)与私人产品(private goods)、公共价值(public value)与私人价值(private value)、公共利益(public benefits)与私人利益(private benefits)之间的差异与矛盾。

梳理公共产品理论的发展历史,学者对于公共产品的概念认定不一,最具有代表性的定义有以下三种。

---

① Max Rheinstein, "Education for Legal Craftsmanship", *Iowa Law Review*, 30, 1945.

其一，萨缪尔森（Paul A. Samuelson）认为，公共产品是"无论大家是否愿意购买，其带来的益处都会散布在整个社区"[①]。或者可以理解为，公共产品是任何人消费该物品都不会影响他人对此物品的消费，或者说公共产品具有消费的"非排他性"和"非竞争性"特质，即：公关产品是可供很多人同时消费的物品，而且此类物品不会因为消费人数规模的扩大或缩小而影响人们使用该物品的成本和质量。国防、外交、良好的公共安全、清洁的空气、优美的环境都具有公共产品的特征。

假定有 n 个人，公共产品的数量为 G，则每个人消费的公共产品的数量是相等的，即：$G_1 = G_2 = G_n$。

其二，奥尔森（Mancur Olson）的观点是，"任何产品，如果一个团体 $X_1, \cdots, X_i, \cdots, X_n$ 中的任何个人 X_i 能够消费它，它就不能排斥其他人对该产品的消费，这就是公共产品"[②]。也就是说，该团体中的个人无论是否付费，都可以任意享用或消费该产品。

其三，布坎南（James M. Buchanan）主张，"任何团体无论何种原因，只要是集体组织提供的商品或服务，都可以被定义为公共产品"[③]。公共产品的显著特征就在于它的不可分性和非排他性。不可分性意味着一个灯塔可以有很多人使用，而非排他性意味着排除服务的潜在使用者相对来说付出的代价大且无效。[④]

[①] ［美］保罗·萨缪尔森、威廉·诺德豪斯：《经济学》，胡代光等译，北京经济学院出版社1996年版，第571页。萨缪尔森关于公共产品理论的经典阐述可参考：Paul A. Samuelson, "The Pure Theory of public Expenditures", *Review of Economics and Statistics*, Vol. 36, 1954, pp. 387 – 389; Paul A. Samuelson, "Contrast Between Welfare Conditions for Joint Supply and for Public Goods", *Review of Economics and Statistics*, Vol. 51, 1969, pp. 26 – 30。

[②] ［美］奥尔森：《集体行动的逻辑》，陈郁、郭宇峰、李崇新译，上海三联书店、上海人民出版社1995年版，第13页。

[③] ［美］詹姆斯·M. 布坎南：《民主财政论》，穆怀朋译，商务印书馆1999年版，第20页。

[④] ［美］詹姆斯·M. 布坎南、理查德·A. 马斯格雷夫：《公共财政与公共选择》，类承曜译，中国财经出版社2001年版，第17—18页。

通过上述各学者对公共产品概念的阐述，我们可以看出，西方经济学家都是从"非排他性""非竞争性"和"非可分割性"这三个方面来定义公共产品的，为了准确理解和把握公共产品概念的内涵和外延，下文进一步厘清什么是公共产品的"非排他性""非竞争性"和"非可分割性"。

第一，非排他性（Non-Excludability）。

非排他性，就是指公共产品或服务一旦被提供，就不能排除任何人对它的消费。最为典型的例子是国防，一个国家一旦向民众提供国防服务，若想将某个人排除在该国的国防保护之外，是很难做到的。[①] 而私人产品或服务与此截然不同，它的典型特质是排他性（Excludability），正因为这些私人产品或服务具有排他性，才会有人愿为此付费，进而才会有生产者通过市场来提供。比如苹果，如果我想吃掉所有的苹果，只要我通过购买的方式就可以轻而易举的排斥其他人的消费要求，一旦我吃了某个苹果，别人就再也别想见到它，也就是说能提供给他人消费的数目减少了。

第二，非竞争性（Non-Rivalness）。

非竞争性指的是一旦某个公共产品或服务被提供，增加消费者使用该产品或服务的边际成本为零。仍然以一国国防为例，假设人口逐年增加，国防对国家安全的保障不会因为人口数量的增加而有所折扣。与此相对，私人产品及服务具有竞争性，具有排除他人享用的特点。同样以上文的苹果为例，同一个苹果，多一个人分享，意味着其他人得到的份额势必减少。若消费者比较多，则后来者肯定得不到满足。

---

① 学者刘宇飞、黄恒学等人研究发现，产品的非排他性，至少包括三个方面的特征，一是任何人都不可能不让别人消费它，即使有些人有心独占对它的消费，要么在技术上不可行，要么在技术上可行，但成本过高，因而是不值得的。二是任何人自己都不得不消费它，即便有些人可能不情愿，但无法对它加以拒绝。三是任何人都可以恰好消费相同的数量。刘宇飞：《当代西方财政学》，北京大学出版社2000年版，第94页；黄恒学主编：《公共经济学》，北京大学出版社2009年版，第93页。

第三，不可分割性（Non-Divisibility）。

所谓不可分割性，指的是公共产品或服务一旦被提供，它的受众是整个社会群体，大家可以联合消费或者共同受益。仍然以一国国防为例，国防是保障全体国民而非个人的。私人产品或服务不同，具有可分割性（Divisibility）。

通过上述分析，我们可以准确地判断出纯公共产品（Pure public good）和纯私人产品（Pure private good）。但问题是现实生活中，同时具有非排他性和非竞争性这两个特征的纯公共产品并不是很多，大量存在的恰恰是介于纯公共产品和纯私人产品之间的一种产品，即准公共产品或混合产品（Quasi-public good or Mixed good）。这种产品具有消费上的非竞争性并不一定就具有非排他性，各种特征在不同公共产品上的表现程度也有着强弱之分。

尽管准公共产品在总体上仍然是有竞争性的，但深入研究可以发现，"辖区内居民总数与每位居民所享受到的这种准公共产品益处之间是负相关的。若当地居民人数较少，那么，准公共产品对每位居民所带来的利益就比较多。然而，随着辖区内人数的增加，这种准公共产品在消费上的'拥挤'就会相应扩大，它对每位居民所产生的利益以及每位居民所分担的该公共产品的成本变呈现出递减的趋势"[①]。以天气预报和地方性公共安全系统这两种公共产品为研究对象，可以清晰看出纯公共产品和准公共产品之间的区别和差异。天气预报通过电视、广播电台、报纸、手机推送等媒介提供给当地居民，具有非竞争性，每位居民从当地天气预报中所获得的利益并不会因其他地方游客的到来而相应的有所损失，所以，天气预报是典型的公共产品。而地方性的公共安全系统的情况则完全不

[①] 孙开等：《公共产品供给与公共支出研究》，东北财经大学出版社2006年版，第2—5页。

同，如果有更多的外地居民涌入当地，则势必产生大量的治安问题，造成警力分散和警力不足，于是，原有公共安全系统对当地原有居民所提供的安全保障就会减少。从以上分析我们可以看出，公共产品的消费是否会因居民人数的增加而产生"拥挤"，是区分和判断纯公共产品和准公共产品的关键依据（见图2—1）。

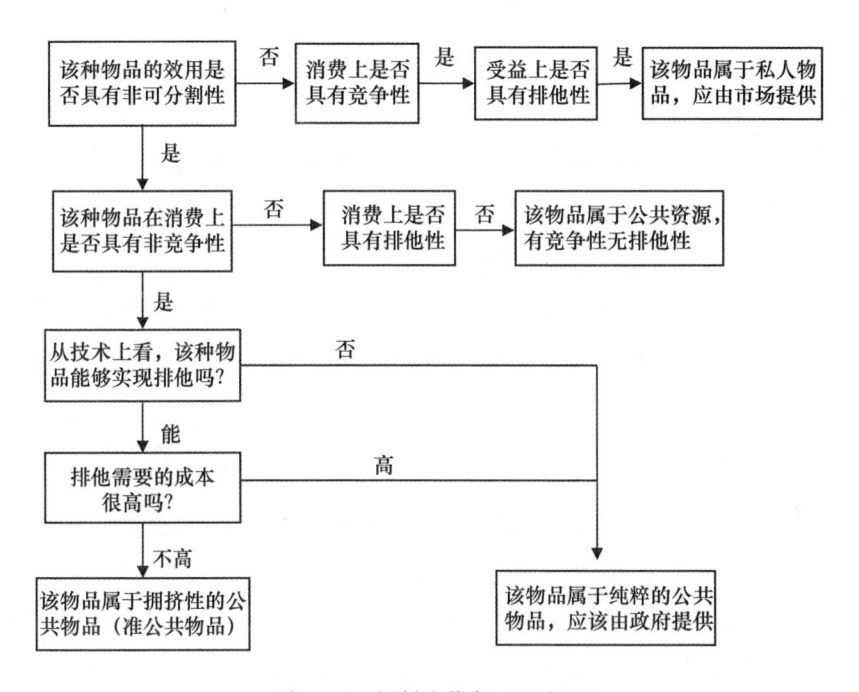

```
┌─────────────┐ 否  ┌─────────────┐ 是  ┌─────────────┐ 是  ┌─────────────┐
│该种物品的效用是│───→│消费上是否    │───→│受益上是否    │───→│该物品属于私人│
│否具有非可分割性│    │具有竞争性    │    │具有排他性    │    │物品，应由市场│
└─────────────┘    └─────────────┘    └─────────────┘    │提供          │
       │ 是                                               └─────────────┘
       ↓
┌─────────────┐ 否  ┌─────────────┐ 否  ┌─────────────┐
│该种物品在消费上│───→│消费上是否    │───→│该物品属于公共│
│是否具有非竞争性│    │具有排他性    │    │资源，有竞争性│
└─────────────┘    └─────────────┘    │无排他性      │
       │ 是                            └─────────────┘
       ↓
┌─────────────┐ 否
│从技术上看，该种├─────────────────┐
│物品能够实现排他吗？│                 │
└─────────────┘                     │
       │ 能                          │
       ↓                             │
┌─────────────┐ 高                   │
│排他需要的成本 ├────────────────────┤
│很高吗？      │                     │
└─────────────┘                     ↓
       │ 不高                 ┌─────────────┐
       ↓                     │该物品属于纯粹│
┌─────────────┐              │的公共物品，应│
│该物品属于拥挤性│              │该由政府提供  │
│的公共物品（准公│              └─────────────┘
│共物品）       │
└─────────────┘
```

图2—1 判断公共产品的步骤

资料来源：高培勇、杨志勇、杨立刚、夏杰长编著：《公共经济学》，中国社会科学出版社2007年版，第53页。

（二）天然气是准公共产品

上一节探讨了公共产品、私人产品及准公共产品的一般特性，但当我们把目光转向现实世界考察一个国家在不同时期或不同国家在同一时期内对同一种公共产品的供给状况时，会发现仅有上述对公共产品或准公共产品的宏观的、概括性认识是不够的，下文进一步探讨管道天然气的准公共产品性质。

第一，天然气是典型的俱乐部产品。

布坎南（James M. Buchanan）在《俱乐部的经济理论》一文中，以游泳池为例，提出了著名的俱乐部产品理论。俱乐部产品的特点是将不付费者排除在消费之外。管道天然气一旦初装完成，只需在管道燃气公司购买天然气产品后，即可轻松使用。付费使用的天然气消费者就像俱乐部成员一样可以非竞争地分享该俱乐部物品的消费，任何成员的消费都不会减少其他成员消费的可能性。换句话说，一个新成员的加入不会减少现有成员的效用水平，并且也不会增加提供成本。

第二，天然气具有拥挤性。

一般来说，在纯公共产品和私人产品中是不存在拥挤性的。对于纯公共产品而言，每增加一个人的消费，边际成本为零，因此这类产品对消费者数量没有限制。而私人产品通过价格机制可将不付费者轻易排除。但在准公共产品的消费中，在达到拥挤点之前，增加额外的消费者不会发生竞争，其边际成本为零；当消费者的数目达到某一个值后，就会出现边际成本为正的情况，产生拥挤成本；当消费者达到容量的绝对限制时，增加额外消费者的边际成本趋于无穷大，准公共产品的消费可能因为拥挤而出现负效应。以管道天然气使用为例，当在某个特定时间段内使用人数达到管道送气量的极限时，就会出现供气不足的现象。

第三，效应上的正外部性。

外部性（Externalities）亦称为外在效应、溢出效用，指的是一个经济主体（生产者或消费者）的行为对他人福利产生的影响，而这种影响并未通过市场交易或货币的方式反映。"公共产品总成本往往比消费者个体付出的代价要多，甚至无法比较差距，因此，它将提供正的外部性,从而使社会成员直接或间接受益。"[①] 天然气含碳量低、污染较轻、能源利用高,是优质清洁能源,大力发展天然气产业,对于中国降低二氧化碳排放量、保护环境、优化能源产业结构具有重要意义,从这个角度来说,天然气甚至可以被看作一种中间投入品,或者说是一种生产要素,其正外部性影响很难彻底算清。

第四,天然气是区域性准公共产品,属于城市基础设施范畴。

区域性和全国性相对,说天然气是区域性准公共产品是依据天然气的作用范围而做出的界定。由于天然气管道铺设的地域限制,天然气产品的优质和廉价只能为一定区域内的民众带来好处,其规模容量也只能限定在特定区域。除了天然气以外,典型的地方性准公共产品还有地方公共交通、电力、供水、供气、供热等,正因为这些产品和城市发展息息相关,所以一般也将这类准公共产品归为城市基础设施(见表2—1)。

表2—1　　　　　　　　　　城市基础设施分类

	基本特征	供应方式	实例
公共产品	共同消费、具有外部性且不排他	政府提供,政府投资	绿化、防灾设施
私人产品	单独消费、无外部性且易于排他	市场提供,消费者付费	电信
准公共产品	单独消费具有外部性,易于排他且可能发生拥挤	市场提供或政府资助市场提供,直接收费	供水、供气、供热等

资料来源:秦虹:《城市公用事业市场化融资概论》,中国社会科学出版社2007年版,第34页。

[①] 钟雯彬:《公共产品法律调整研究》,法律出版社2008年版,第8页。

二 政府提供准公共产品责任的理论分析

(一)市场失灵说

市场失灵是政府经济活动的前提和基础,在分析市场失灵和政府职能之前,必须先明确理想市场的评判标准是什么。一般而言,理想的市场应该满足三个条件:首先,市场是完全竞争的,资源配置符合帕累托效率准则①;其次,收入分配的方式和结果是合理的,既兼顾市场效率又体现社会公平正义原则;最后,宏观经济运行是平稳的,能够自动实现充分就业和稳定增长。很显然,现实中的市场和理想的市场是存在一定差距的,抑或说,无论在资源配置的效率方面、收入分配的公平方面及经济运行的稳定方面,市场都难以达到理想的状态。市场失灵又叫市场缺陷,是市场机制存在的缺陷或者不足,那么在准公共产品的提供上,市场究竟有哪些不足呢?

首先,市场无法克服(准)公共产品供给中的"囚徒困境"问题。"囚徒困境"是博弈论最常用来揭示利益矛盾的模型,其模型是这样的:两个犯罪嫌疑人(甲和乙),合伙作案后被警方抓获,关在不同的囚室中讯问。办案人员告诉他们的选择是,若两个人都坦白,则各判10年监禁;若两个人都不认罪,则两人各判2年;若其中一个坦白而另一个人不认罪,则坦白者从宽发落,予以释放,对不坦白者则按"抗拒从严"原则从重判处15年监禁(案情分析见表2—2)。

---

① 帕累托效率(Pareto Efficiency),亦被称为帕累托最优(Pareto Optimal),是由意大利经济学家和社会学家帕累托(Vilfredo Pareto, 1848—1923)提出的,他认为如果某种资源配置达到这样一种状态,在这种状态下任何可行的调整都无法使得调整之后一些人的境况变好,而不使其他人的境况至少不变坏,那么这种状态就是最好的。这种资源配置状态即被称为帕累托效率。或者说,如果有某种资源配置状态,通过一定的调整能使得一些人的境况得到改善,而其他人的境况至少不变坏,那么这种资源配置状态肯定不是最优或者最有效的,而这种调整被称为帕累托改进(Pareto Improvement)。帕累托效率是评判资源配置状况的一个重要的衡量标准,实现帕累托效率标准需要满足三方面条件:生产效率、交换效率和产品的组合效率。

表 2—2　　　　　　　　　　囚徒困境　　　　　　　　　单位：年

		犯罪嫌疑人乙	
		坦白	不认罪
犯罪嫌疑人甲	坦白	-10，-10	0，-15
	不认罪	-15，0	-2，-2

在这里，两个犯罪嫌疑人都有两种战略：坦白或不认罪。显然，从嫌疑人的角度来看，两个人都不认罪比坦白各判 10 年要好，但只要两个人是理性的，他们的选择都是坦白。推理如下：不论甲选坦白还是不认罪，乙的最佳选择都是坦白。若甲选坦白，则乙选坦白，因为 10 年刑期要好过 15 年刑期；若甲选择不认罪，则乙的选择仍然是坦白，因为不坐牢强于做两年牢。同理，不论乙是坦白还是不认罪，甲的最佳选择仍然是坦白。由上述推理可见，双方达成皆大欢喜的结果即"不认罪，不认罪"是不可能的。这便是一个由个体理性出发不能达成集体理性的典型例子。

"囚徒困境"也为分析"区域利益矛盾"和"区域政策决策"做理论支撑。当理性的各区域主体同时选择自身利益最大化时，就会产生区域和整体社会缺乏效率。在"囚徒困境"局面下，当（准）公共产品供给不足时，各个区域都会寄希望于上级或政府财政支持，进而产生对财政利益分配的争夺。当然也会有这种情况出现，即实力不强的区域寄期望于强势区域提供（准）公共产品而自己"搭便车"。[1] 经济学理论认为，将交换建立在等价原则之上是自由市场制度的应有之义，并且市场交易必须在具有排他性的、可用于交换的产品中进行。而（准）公共产品恰恰不具备这些特性，因此，市场交换难以产生。尽管现实生活中消费者需求旺盛，但却

---

[1] 孙开等：《公共产品供给与公共支出研究》，东北财经大学出版社 2006 年版，第 31—33 页。

没有市场供给，此时政府应当介入，提供该产品，弥补市场不足。

从上述分析可以看出，当市场没有人愿意投资（准）公共产品，如输配电设施、天然气管道或者跨界公路时，政府必须发挥作用，要么直接投资，要么通过优惠政策吸引民间资本进入。阿斯乔曾指出[①]，像公路、机场、供水、排水、供气、街道等基础设施的国家投资，是与私人投资相互补充的，不适当引导国家基础设施的数量和质量，将严重阻碍国家经济的正常运行。

其次，市场无法消除竞争失灵。资源配置的帕累托效率要求市场是完全竞争的，没有垄断。但是在现实生活中，某种程度的垄断似乎更是一种常态，从而导致竞争失灵。竞争失灵在市场表现为只有为数很少的几家供应商、甚至是独家垄断的局面，垄断厂商通过操作物价，牟取暴利，使市场均衡作用失灵。在存在垄断的情况下，由于单个厂商可以影响价格，其可以通过压低产量的方式抬高价格，获取垄断利润。对于整个社会来讲，垄断也会导致资源配置的市场失灵，使得资源配置达不到效率标准。

对于一般的垄断，政府可以通过管制等反垄断措施，如限制单个企业的规模，促进市场竞争，从而实现资源的有效配置。但是对于一些规模经济敏感的部门，如供电、供水、供气等行业，大规模生产可以降低其单位成本，提高收益，因此，一旦某个公司占领了一定的市场，实现规模经济，就会阻碍潜在竞争者的进入。因此，在规模经济显著的行业，特别容易形成垄断。显然，自然垄断有其合理性，因为其产品的固定成本所占比重非常大，而变动成本所占比重很小，并且具有很强的地域性。

依据垄断的成因，可以将垄断分为行政垄断、市场垄断及自然

[①] ［美］戴维·艾伦·阿斯乔：《基础设施：美国的第三种赤字》，赵渚敏、陈新年译，《国际经济评论》1991 年第 10 期。

垄断三种形式。目前在中国最为常见的是以行政权力为依托的自然垄断，或者说是三种垄断形式的扭合。① 比如铁路、电力、自来水、油气等行业，如何加强对这些行业的监管，是中国市场经济建设亟须解决的问题，也是本书所关注的核心问题。

最后，市场无法解决信息失灵。市场有效运行的另一个前提是所有当事人在作出经济决策时，对于商品质量、性能、成本等都完全掌握。显然，这也是一个非常理想化的假设，在现实生活中，经常出现信息不对称的现象，这也是一种市场缺陷。正因为信息不对称，使得信息量少的一方处于劣势，而信息量多的一方处于优势，由此导致社会总效率的损失。

由上述分析可知，在市场失灵的（准）公共产品领域，客观上需要由代表公共利益的政府出面弥补因市场失灵而造成的（准）公共产品的缺位或不足。需要明确的是尽管市场失灵为政府的介入提供了可能性，但市场的作用却是政府无法替代的。

(二) 国家经济职能说

霍布斯在其名著《利维坦》中认为国家的本质是一群人订立信约，将自己的权利让渡给国家这样一个虚拟人格，使其保护大众免受战争侵扰、提供安居乐业的生活环境。② 他是社会契约论的开创者。亚当·斯密在其鸿篇巨著《国富论》中写道，"假如政府对商业和制造业不进行有效管理，那么这两个行业就不能保持长期繁荣，人们的私有财产安全得不到保障，合同无法依法履行"。③ 上述

---

① 学者周林军曾精辟指出，"自然垄断仅仅是一种'非人格化的市场结构'，但垄断地位获取之后，权力的滥用却来源于'人格化的市场结构'。从理论角度剖析，垄断可以分为自然和人为两种类型。前者产生于市场竞争后的'自然化'集中，属于经济性垄断的范畴。后者产生于人为强制的'授权性'集中，属于行政性垄断的范畴"。周林军：《对自然垄断的法律控制》，知识产权出版社2009年版，第118页。

② [英] 托马斯·霍布斯：《利维坦》，黎思复等译，商务印书馆1985年版，第132页。

③ [美] 亚瑟·A.戈德史密斯：《政府、市场及经济发展——对亚当·斯密思想的再思考》，载胡鞍钢、王绍光《政府与市场》，中国计划出版社2000年版，第57页。

文字均表达出一个相同的观点，即：政府的产生，是社会成员权利让渡的结果。追求社会福利最大化、实现公共利益是政府孜孜以求的目标。既然是为了公共利益，政府就必须提供最基本的公共产品。

现实中理想的市场是不存在的，存在市场失灵就需要政府进行适度干预，因此，现代社会政府主要履行两个职能，一是作为社会经济管理者，保障市场交易安全，同时通过宏观调控干预调节经济运行；二是作为市场主体直接参与经济运行。为了提高资源配置的效率、促进收入分配的公平和宏观经济的稳定，政府还具有资源配置职能、收入分配职能等。面对日益扩大的政府经济职能，我们不禁要问，政府在市场经济中发挥经济功能的依据是什么呢？笔者认为，至少包括以下几个方面的依据。

依据一：生产的专业化、社会化要求政府在市场经济中发挥作用。在社会化大生产过程中，各个经济主体之间形成了一个相互依存、互为制约的整体，这要求合理配置社会资源以保持经济运行和经济增长的连续性和稳定性。由政府出面，运用经济手段和法律手段，规范、引导经济主体活动，为实现国民经济目标，保持经济高速发展提供有力保障。

依据二：市场自身存在缺陷要求政府在市场经济中发挥作用。在市场经济体制中，政府通过监管市场主体及其行为，维护统一、开放、竞争的市场秩序，形成完善的现代化市场体系。通过协调供给与需求、鼓励技术创新和收入分配等方式实现国家经济的快速增长。在肯定市场优势的同时，还应该看到市场中存在竞争失灵、外部效应和信息失灵等问题，这就需要政府纠正市场偏差，弥补市场缺陷。

依据三：向社会提供公共产品和服务是政府的基本职能所在。从本质来说，公共产品是满足社会共同需要的产物。一方面公共产品的生产成本巨大，普通社会成员无力提供，需要由国家负担；另一方面，

"搭便车"行为的普遍存在，使得私人不愿意提供公共产品。而且完全由私人提供公共产品也会引起公共产品供给不足的情况出现。

（三）公共选择理论说

20世纪60年代初期，美国学者以"经济人"假设[①]为前提，根据经济学原理中交易双方在市场自由交换获益的理论，分析政府决策行为、民众公共选择行为及二者关系，由此形成公共选择理论。[②] 该理论的代表人物布坎南指出"经济学家们可以根据交易范例来观察政治和政治过程"[③]。按照他的观点，政治不过是经济交易过程的延伸。学者穆勒认为，可以将经济学原理运用于政治科学的分析。[④] 公共选择理论的出现为许多国家制定公共经济决策提供了一个新的参考视角。

公共选择理论以公共选择为研究对象，探讨在民主政治体制下，民众如何通过选票来决定公共产品的需求与供给机制，借此途径，民众将个人选择合理转化为集体选择，这是一种对资源配置的非市场决策。

公共选择亦被称为集体选择，由于存在公共产品及其外部性，因此，对政府行为的集体选择就显得尤为重要。公共产品的种种特性表明，单靠市场中的个人选择行为，不可能提供或生产足够的公共产品，也不可能产生互相交换的最优局面。外部效应的存在，导

---

① "经济人"假设的一般理论认为，人都是自利主义者。一方面，人的行为动机是自利的，任何个人，不论他是购买商品的消费者，还是提供商品的生产者，或者是某一政治团体的领袖，他的行为动机都是自利的，时刻关心的是他的个人利益；另一方面，在行动上，他又是理性的，能够最充分地利用他所能得到的，关于所处环境的信息，诸如价格、品质等，来最大化自身利益。这种理性的自利主义者，就是经济市场与政治市场所讨论的理论基础。汪翔、钱南：《公共选择理论导论》，上海人民出版社1993年版，第37页。

② 黄学恒主编：《公共经济学》，北京大学出版社2009年版，第134—135页。

③ ［美］布坎南：《自由、市场和国家》，吴良健译，上海三联书店1998年版，第31页。

④ Dennis C. Mueller, *Public Choice II*, 转引自高培勇等主编：《公共经济学》，中国社会科学出版社2007年版，第93页。

致外部效应的制造者不需要承担坏效应的损失或好效应的效益,这表明存在着一种非价格的因素,它在自由交换的市场上是解决不了的,或解决的成本超过了效益。也正因为如此,外部效应问题必须由公共选择来解决。

三 政府提供准公共产品的优越性和局限性

(一) 政府提供准公共产品的优越性

和一般社会组织相比,政府有两大特质,一是权力的普遍性,二是具有强制性。① 政府在提供准公共产品的供给中,其权力的"普遍性"和"强制性"就表现为以提供制度环境的方式,为准公共产品供给秩序。

由于政府权力具有的"普遍性"和"强制性",因此由它提供准公共产品具有以下几个方面的优势。②③

第一,征税权的优势。由于市场供求规律的作用,政府运用其强制性的征税权,可以在相当程度上影响生产行为和消费行为,从而起到调节资源配置的作用。

第二,"禁止"或"允许"的优势。政府通过授权的方式,赋予企业和其他组织从事某类准公共产品生产或服务的权力,比如,政府通过发放许可证的方式,允许得到行政许可的人能够合法地做出什么行为。政府在"禁止"方面的优势表现为惩罚权的行使。

第三,节约组织成本和交易成本的优势。政府作为庞大的行政事务的处理机构,其组织成本的优势,主要体现在政府的常设性上,当某类突发性问题出现时,若临时为解决某个突发事件而特设

---

① Joseph E. Stiglitz, "On the Economic Role of the State", in Joseph E. Stiglitz et al., Arnold Heertje, ed. *The Economic Role of the State*, Oxford: Basic Blackwell, 1989, pp. 21 – 22.
② 毛寿龙:《中国政府功能的经济分析》,中国广播电视出版社1996年版,第19—21页。
③ [美] 斯蒂格利茨:《政府为什么干预经济——政府在市场经济中的角色》,郑秉文等译,中国物资出版社1998年版,第74—77页。

社会组织，势必造成社会资源的浪费，而如果把该问题交给政府，可以起到节约组织成本的作用。关于交易成本的优势，在解决外部性问题时比较明显。

第四，遏制"搭便车"问题的优势。"搭便车"问题是公共产品问题以及外部经济问题中不可回避的内容。由政府作为社会公共利益的代表人，可以向社会集中提供准公共产品和服务，这为解决"搭便车"而引起的社会资源配置效率低下提供了现实可能性。

第五，以国家雄厚财政实力为后盾的优势。很多准公共产品的提供需要大量的专有资金投入及资本沉淀，政府拥有庞大财政实力，具有任何社会组织所不能企及的资本优势。在某些特定情况下，政府甚至可以动用其独特的财政货币权力，来应对有效需求不足及流通资金不够等经济问题。

综上，这些优势的具体表现就是政府拥有的，而一般社会组织所不拥有或者即使拥有但在质和量两个方面都无法与之抗衡的手段，比如行政手段、法律手段、经济手段等。但无论如何，政府的职能是有边界的，其范围取决于市场和社会的需要。市场的需要来自市场失灵的客观存在，而社会的需要则来源于民众对于公平的渴求。当下的中国正处于经济转轨时期，就其发展而言，还有对建立和完善市场经济基础的制度诉求。可见，政府与市场的关系，究其本质而言就是上述因素的均衡。在政府与市场关系中，政府是强者，市场是弱者，根据弱者优先原则，当政府选择和市场选择间发生冲突时，必须以"市场优先"为原则。政府对经济的干预必须以弥补和防止市场失效为前提。市场秩序扩展至哪里，政府就应将行政的边界收缩到哪里。

(二) 政府提供准公共产品的局限性

在传统的政府干预经济理论中存在着这样一种观点，认为市场不能做或做不好的，政府就应该介入，并且政府介入就一定能解决问题。之所以有这样的预判源于持这种观点的学者有如下假设：政府代表大多数人的利益；政府做的决策更周全、更完美；政府的运作模式是高效率低成本的。但事物的发展总是相对的，正如市场失灵是客观存在的一样，在政府提供准公共产品的过程中，也出现了种种失灵现象，或者说，政府提供准公共产品有如下缺陷。

其一，政府供给效率低下。公共部门在公共产品生产过程中容易产生低效率，是因为：首先，缺乏竞争。从某种意义上讲，政府是一种自然垄断组织。根据学者莱本斯坦的研究，垄断条件下，任何组织都有可能丧失追求效益最大化和成本最小化的动力，因此，政府部门中竞争的缺乏导致人们普遍缺乏积极性，致使生产管理低效。[1] 其次，从政府自身职能属性看，政府无降低成本的动力需求，一般而言，政府以实现既定政策目标为行动出发点，其并不以营利为目的。从这个角度看，成本核算只是政府施政中考虑的附带性参数。因此，很难形成一种和效益挂钩并贯穿于整个产品生产与提供过程的合理激励机制。最后，在现有体制下对政府的监督机制还很不健全。现有监督机制因为信息不对称及机构设立不合理等因素，行政监督形同虚设。政府部门的垄断性使得监督部门无从监督。

其二，寻租。一般而言，"租"指租金，或称为利益好处，"寻租"指的是对于经济利益的追求。在政治学语境中，寻租是国家机关工作人员为追逐私利而违反法律，滥用职权的行为。在经济学语境中，寻租则指的是市场主体通过合法或非法手段谋求经济利益的活动。不论从哪种角度分析，政府权力对市场交易活动的介入都是寻租产生的根源。寻租涉及两类行为主体，一类是掌握权力的

---

[1] ［美］斯蒂格利茨：《政府为什么干预经济——政府在市场经济中的角色》，郑秉文等译，中国物资出版社1998年版，第80页。

官员，另一类是谋求政府优惠的市场经济主体，双方凭借政治权力和经济资源展开交换，换言之就是权钱交易。

寻租行为对于政治权力而言是对政治权力的一种异化和蜕变，究其本质，是公共权力的非公共利用。对于政府而言，它的存在是政府庞大机体上的一颗毒瘤，如果任由其腐败发展，将会导致政府的灭亡。正如詹姆斯·哈林顿（James Harrington）所言，"一个政府的腐败将意味着另一个政府的诞生"[①]。

其三，国家干预失误对市场机制的破坏。当政府决策出现失误时，社会交易成本增加。以信息获取为例，在传统公共行政模式基础上建立的政府，采用科层组织结构，信息的传递是单向度的，自上而下，从较高的势能点传递向较低的势能点，"纵向信息流"是主要的；而市场组织当中市场主体之间是平等的契约关系，信息的收集、传导、处理、储存、取出和分析根据价格相互达成一致和均衡，主要是"横向信息流"，对信息的反应是敏感和快速的。而政府机构的人员对市场价格、市场均衡和效率反应不敏感，这是国家经济干预失误的重要原因。

国家干预在准公共产品供给领域的失误，主要表现为以下几种方式[②]：一是供给缺位，即没有承担起本应由政府提供准公共产品的责任；二是供给错位，即选择了不恰当的、低效的生产或提供方式；三是供给越位，即超出了公共产品的范围去承担本应由市场机制发挥作用的私人产品供给。无论是上述哪一种干预失误，对市场经济的正常运行都造成了很大的负面影响。

---

① 王绍光、胡鞍钢：《中国国家能力报告》，中国香港：牛津大学出版社1994年版，第452页。

② 钟雯彬：《公共产品法律调整研究》，法律出版社2008年版，第55—56页。

四 公共产品市场化供给的理论突破

在传统理论认识上，政府是公共经济活动的主导者，甚至是唯一的主体，在这种思维和政策定式下，政府几乎垄断了公共经济和公共产品供给领域的一切事物。从某种意义上说，政府具有从事公共经济活动的天然合法性，究其原因，大规模公共产品的供给，一般都具有投资专用性强、沉淀性高、规模经济范围经济大、效益低等特点，且很难将搭车者排除在外，因此，私人部门和第三部门等主体没有能力或者没有激励措施来参与公共经济活动，提供某种公共产品。相比之下，政府拥有国家机器和动员大规模社会资源的能力，同时又具有广泛的社会代表性，具有维护和增进社会公共利益的道德使命感。因此，政府有能力、有条件，也有道德驱动力来从事具有规模经济优势和非营利性的公共经济活动，这种认识在相当长时期内成为公共经济学、政治学和行政学研究领域的主导思潮[1]，中国当初选择建立公共生产制度与这些观点与认识不无渊源。[2]

但是，随着经济和社会的发展，这种局面已经发生了巨大而深刻的变化。实践证明，用全面的公共生产来促进发展、提供效率、增加民生、扩大就业是不可能完全实现的。政府作为唯一的公共经

---

[1] 如：公平分配论认为：采用大规模的公共生产制度更有助于实现收入分配公平；政治经济学认为：资本主义制度下私有制与社会化大生产的矛盾，将会导致全面的经济危机和资源浪费，因此，必须以全面的公共生产对其加以代替；传统的发展经济学认为：在后起的工业化国家，私人和市场无法实现赶超战略，因而政府必须建立起本国较完整的工业体系，以实现经济独立和经济增长。

[2] 在中国专制主义的传统语境下，"公"只是皇家和官家的代称。郑玄注《礼记》曰"公犹官也"，就是这个意思。"公车"就是"官车"，"公服"就是"官服"，"公庭"就是君王的庙庭。值得一提的是，斯大林主义的国家主义在执政党内影响深远，崇尚全能国家，把政府和党政、官员看作公共利益的代表，新中国成立后，好几代人都深受这种意识形态的灌输，因而影响深远。吴敬琏：《国有经济进退》，载吴敬琏、江平主编《洪范评论——垄断与国有经济进退》，生活·读书·新知三联书店2011年版，第3—4页。

济提供者的地位和合法性受到质疑和挑战，除政府以外，私人部门、社区、第三部门、国际组织等主体也参与了公共经济活动，并开始发挥越来越重要的作用。

（一）公共产品市场化供给主体[①]

从20世纪六七十年代以来，面对"福利国家"所出现的管理危机、信任危机、财政危机，以戈尔丁、德姆塞茨、科斯、布鲁贝克尔、埃莉诺·奥斯特罗姆等为首的经济学家开始怀疑政府作为公共产品唯一提供者的合理性，在公共产品多元供给方面开始理论研究。

埃莉诺·奥斯特罗姆[②]提出的"提供者与生产者分解"学说，在公共产品供给理论方面具有重大创新。她开创性的将传统公共事务中的政府与公民、供方和需求这两个主体分解为组织方（政府或其他代表公民需求的公共机构）、生产方（由组织方选择指定的产品生产的供给者）和消费者（公共需求某种公共产品的由个人组成的群体）这三个主体。埃氏学说提出的"公共产品生产者"这个主体，成功地解决了公共产品的组织和生产矛盾，运用组织理论从实证角度充分检验了非国家和非政府的方案解决公共事务的可能。她认为，"人类社会中的自我组织和自治，实际上是管理公共事务的有效的制度安排，将第三部门等社会组织纳入制度选择的范围，可使效率目标的选择更具有可靠性"[③]。

[①] 刘辉：《公共产品供给的理论考察》，博士学位论文，北京大学，1999年。黄恒学主编：《公共经济学》，北京大学出版社2009年版，第61—90页。

[②] 学者埃莉诺·奥斯特罗姆因在公共事务的自主治理研究中的卓越表现，赢得了2009年诺贝尔经济学奖的桂冠，她通过分析"公地悲剧""囚犯的难题"以及"集体行动的逻辑"等理论模型，否定了传统意义上学者提出的或以强有力的中央集权或以彻底的私有化来解决公共事务的理论方案。她从博弈论的角度探讨了在理论上可能的政府与市场之外的自主治理公池资源的可能性。其学术观点可参见《公共事物的治理之道》。

[③] [美] 埃莉诺·奥斯特罗姆：《公共事物的治理之道：集体行动制度的演进》，余逊达、陈旭东译，上海三联书店2000年版，第34页。

根据埃氏理论，公共产品的供给[①]可以分解为"提供"[②]和"生产"两个概念。所谓政府生产[③]，就是公共产品得以成为存在物的物理过程，政府可以通过建立企业或者以直接投资、直接安排等方式进行直接生产；所谓政府提供，就是通过制度安排使得社会公众得到产品的过程，政府通常可以通过授权、自主、监督或预算等方式将改革产品委托给私人企业或者第三部门进行间接生产。从政府服务类型和内容看，有必要对"提供"和"生产"进行严格区分。以社区垃圾处理为例，某些社区由政府提供该服务，通过政府和治污企业签订垃圾处理合同，这种情况就是典型的"政府提供"；而有些社区则由公共主管部门雇用工人，购买垃圾分类处理设备，自己处理垃圾，这属于典型的"政府生产"[④]。

美国著名经济学家斯蒂格利茨在公共产品供给问题的认识上同

[①] 学者刘辉将政府提供公共产品划分为政府直接生产和政府间接生产两种类型，这一概念界定和学者钟雯彬提出的政府生产和政府提供表达的是相同含义。

[②] 关于"提供"（Provision），埃莉诺·奥斯特诺姆、拉里·施罗德及苏珊·温曾在《制度激励与可持续发展》一书中有过详细阐述，"提供"是通过集体选择机制对下述问题作出决策：一是由指定的一群人提供各类物品和服务；二是被提供物品和服务的数量与质量；三是与这些物品和服务有关的私人活动被管制的程度；四是如何安排这些物品和服务的生产；五是如何对这些物品和服务的提供进行融资；六是如何对生产这些物品和服务的人进行管理。Elinor Ostrom, Larry Schroeder, and Susan Wynne, "Institutional Incentives and Sustainable Development: Infrastructure Policies in Perspective", Boulder, CO: Westview Press, 1993.

[③] 政府生产包括中央政府生产和地方政府生产：中央政府生产的公共产品大多具有纯公共产品的性质，包括国防；基础设施，即科技、教育、文教、卫生等领域的基础设施；国家知识创新系统，主要指基础科学的研究和前沿科学技术的研究；大江大河的开发和利用，国土资源的保护、利用等；气象、消防、环境等公共服务。上述这些领域资金投入大，且具有较高风险和消费的非排他性，私人一般不会进入该领域。这需要政府提供强有力的资金支持，提高科技水平，增强国家的核心竞争力。地方政府生产的公共产品根据自由市场的开放度，提供的内容也不尽相同。比如欧洲的多数国家，地方政府提供医疗、保健、自然资源保护、博物馆、中小学教育、城市设施、煤气、消防、图书馆等。而美国，大多数公共产品都由私人部门来生产，道路建设、义务教育占了地方政府财政预算的一半以上。

[④] Vincent Ostrom, Charles Tiebout and Robert Warren, "The Organization of Metropolitan Areas: A Theoretical Inquiry", *American Political Science Review*, Vol. 55, No. 4, 1961, pp. 831–842.

埃莉诺·奥斯特诺姆持相同观点①。他认为，区分"政府生产"与"政府提供"在公共产品的供给中至关重要。假设在完全竞争条件下，公共利益和私人利益能形成高度重合，但在现实生活中，根本就不存在完全竞争的状态，私人部门的价值取向往往同公共部门的社会目标大相径庭。在这种情况下，国有化并非最佳选择。针对这种情况，斯蒂格利茨开创了一个全新的概念——私有化基本定理，当政府不能有效提供公共产品时，政府可以通过签订合同、授权经营、经济资助等方式，委托私人部门"生产"并"提供"。这类公共产品一般具有自然垄断特征，如供水、供电、供气等。

通过回顾公共产品供给理论的演变路径，我们可以看出产品的提供方式和生产方式是两个完全不同的范畴。公共产品的公共提供并不意味着公共产品就一定要公共生产。公共提供的公共产品既可以是公共生产，也可以是私人生产；反之，市场提供的私人产品也可以公共生产或私人生产。比如，政府与私人生产者签订契约，通过政府购买的方式，公共提供私人生产的产品和服务目前正在被广泛地运用。由此，公共产品、私人产品的生产、分配方式可以有多种组合。从分配方式来看，公共产品既可以是公共提供，也可以是市场提供，或者采用混合提供的方式；从生产方式来看，既可以私人生产，也可以公共生产。私人产品也是如此，从分配方式来看，私人产品既可以市场提供，也可以公共提供，或者采用混合提供的方式；从生产方式来看，既可以私人生产，也可以公共生产。准公共产品（混合产品）同样也是如此。公共产品、私人产品、准公共产品的生产、分配与筹资方式如表2—3所示。

---

① [美]斯蒂格利茨：《政府为什么干预经济——政府在市场经济中的角色》，郑秉文等译，中国物资出版社1998年版，第6—10页。

表2—3 公共产品、私人产品、准公共产品的生产、分配与筹资方式

	生产方式	分配方式	筹资方式	举例说明	
				市场提供	公共提供
私人产品	私人企业 公共企业	市场提供（价格） 公共提供（限定条件）	销售收入 税收	食物、衣服、汽车等	政府对低收入者的食品补贴
公共产品		市场提供 公共提供	收费、捐款 税收	私人开办的慈善机构	公共电视 国防、治安
拥挤性的公共产品		市场提供 公共提供	收费 税收	电影院 游乐园	道路、公园、桥梁
排他性的公共产品		市场提供 公共提供	收费 税收	学校、医院、交通运输	公立学校 公共卫生

资料来源：魏陆、吕守军编著：《公共经济学》，上海交通大学出版社2010年版，第68—69页。

政府提供是在"新公共管理"（new public management）运动中蓬勃兴起的。政府将市场机制引入公共管理，治理的理念从"划桨"走向"掌舵"。"公共产品非政府供给主要有公共产品的私人供给和社会供给（亦称为第三部门供给）两种形式，公共产品的私人供给指的是没有政府介入和强制的个人或企业资源生产或参与提供公共产品的情形；公共产品的社会供给指除政府、市场之外的社会组织单独或参与公共产品供给的情形。"[①] 政府通过与企业签订生产合同、授予经营权、政府参股、经济资助等方式使私人部门参与公共产品的生产。由此可以看出，公共产品形成了由政府供给、市场供给及第三部门联合供给的多元供给局面。可以说，公共产品政

[①] 钟雯彬：《公共产品法律调整研究》，法律出版社2008年版，第57页。目前，国际社会关于公共产品的社会供给主体主要有私人部门、社区、第三部门和国际组织。由于公共产品的社会供给主体在供给方式上类似于市场供给，故以下讨论内容，除非特别注明，主要从公共产品的私人供给角度展开。

府提供和政府生产角色的界定,衍生出关于政府作为安排者或者提供者职能的更多思考——政府应该提供怎样的公共产品?为谁服务?公共产品提供到什么程度?如何付费?法律如何规范和健全公共产品的有效供给?下节内容将着重探讨这个问题。

(二)公共产品市场化供给方式

公共产品供给与生产分开的理念,为供给产品市场化提供了理论依据。斯蒂格利茨曾明确指出,"不要把市场和政府对峙起来,而是要在两者之间保持恰到好处的平衡"[1]。由国家与私人公司签订协议或合同来经营公共产品恰恰是二者间的中间形态。公共产品转化为市场供给主要有以下几种方式。[2]

方式一:BOT 模式

BOT (Build-Operate-Transfer),即"建造—运营—移交"。标准的 BOT 模式是指政府和私人机构之间以达成协议为前提,由政府向私人机构颁发特许权,私人财团或国外财团通过自己融资来设计并建设基础设施项目。BOT 融资模式的核心是政府和私人机构间达成特许经营协议 (Concession Agreement),在此基础上,私人机构作为投资者和经营者,承担项目开发和经营风险,待项目建成后,在一定期限内享有经营权并取得商业利润。当合约期届满,根据协议将该项目转让给政府机构。通常,适用于 BOT 融资方式的是具有准公共产品特性的基础设施项目,投资者可以通过使用者付费的方式收回投资成本。BOT 融资模式下,政府通常以公开招标的方式选择投资主体,这有助于增加政府施政的透明度,能够有效利用社会资金扩大基础设施供给,减轻政府财政压力。BOT 模式自诞生起已经有近三百年的历史,最负盛名的项目有英吉利海峡隧道、

---

[1] [美]约瑟夫·E. 斯蒂格利茨:《社会主义向何处去——经济体制转型的理论与证据》,周立群、韩亮、余文波译,吉林人民出版社1998年版,第303页。

[2] 魏陆、吕守军编著:《公共经济学》,上海交通大学出版社2010年版,第167—168页。

香港东区海底隧道和马来西亚北南高速公路。

方式二：TOT 模式

TOT 模式是 Transfer-Operate-Transfer 的英文缩写，中文翻译为转让—经营—转让。标准的 TOT 模式指的是政府部门或国有企业将已经投产运营的基础设施项目在一定期限内的特许经营权有偿转让给私人部门，在合同约定期限内，由私人部门进行运营管理，特许经营期期满后，再将经营权转交回所有权人的一种公共产品供给方式。在 TOT 融资模式下，政府只是将已经建成的基础设施项目经营权在一定期限内转让给私人部门，不存在产权、股权的让渡，操作相对简单，成功率高，这样做，既可以保证政府对公共基础设施的控制权，又可以通过盘活现有的基础设施资产存量为基础设施筹集更多的资金。

方式三：PPP 模式

PPP 模式是 Public-Private-Partnership 的英文缩写，中文翻译为政府和社会资本合作项目。PPP 模式是国家为了完成某些公共设施、公共交通工具及相关服务项目的建设，由政府同私人组织签订特许权协议，明确双方权利义务，通过协议方式确立的一种伙伴式合作关系。如：北京地铁四号线就是采用 PPP 模式建成使用的。

方式四：ABS 模式

ABS 模式是 Asset-Backed-Securities 的英文缩写，中文翻译为以资产为支持的证券化，指通过一定的结构安排，对资产中风险与收益要素进行分离与重组，进而转换成为在金融市场可以出售和流通的金融产品，通过金融产品的发售为基础设施项目筹集资金。在 ABS 融资模式下，资产通常先被出售给一个特设的信托机构或中介结构，然后，该机构通过向投资者发行资产支持债券以获得资金。ABS 融资模式具有灵活性强、融资成本低的特点，但是这种方式对投资方信用要求比较高。

方式五：PFI模式

PFI模式是Private Finance Initiative的英文缩写，中文翻译为"私人融资活动"或"民间主动融资"，是BOT项目融资的优化。在PFI模式下，整个过程政府仅仅需要进行项目的启动、保障和监督，私人部门负责项目的设计、开发、融资、建造和运营，并通过向政府或公众提供服务或产品来获取付费，以回收成本和实现利润，实现公共产品产出中的资源配置最优化。因此，可以有效地筹集资金和转移公共部门的风险。

除上述几种市场供给方式外，基础设施项目融资模式还有BOOT（Build-Own-Operate-Transfer）（建设—拥有—经营—转让）、BT（Build-Transfer）（建设—转让）、BOO（Build-Own-Operate）（建设—拥有—经营）、BLOT（Build-Lease-Operate-Transfer）（建设—租赁—经营—转让）、DBTO（Design-Build-Transfer-Operate）（设计—建造—转移—经营）等不同形式。

（三）小结

从古典经济学家霍布斯开始涉足公共产品供给的理论分析开始，公共产品供给问题的研究一直是一个历久弥新的话题，公共产品由谁供给？如何供给才能达到供给均衡？一个现实的困境是，对于公共产品主体的选择是一个被动的选择过程，即新主体的诞生是当效率损失之后，社会对公共产品供给主体的重新选择的过程，为避免这种被动选择及其效率损失，我们应当思考的是如何变被动为主动，如何实现公共产品由高成本低效率的主体供给变成低成本高效率的主体供给，实现帕累托效率的改善。换言之，我们需要深入研究公共产品供给主体的多元性发展趋势、选择标准及变迁路径，这才是我们对天然气产业进行法律规制理论研究的根基所在。现阶段，天然气产品供给纵向一体化的政府垄断是天然气产业发展面临的主要问题，问题的解决需要依赖竞争性供给改革。对天然气产品竞争性供给改革可以按照如下思路进行：打破天然气产品供给高度纵向一体化的供给模式，将供给过程分为上、中、下游三个环节，在不同的环节开放进入，引入竞争者，形成多元竞争的供给模式。从以上对公共产品市场化供给主体、方式的探讨，研究发现法律及合同是天然气产业市场化实现的有效保障。

第三章

中国天然气产业政府监管体制

中国能源结构的调整和优化，一方面要提高非化石能源的比重，另一方面是传统能源的低碳化。天然气发展是化石能源低碳化发展的趋势。天然气产业在中国具有全局性、战略性影响，实践表明，天然气产业的健康发展，离不开科学、高效的政府监管。但是目前中国天然气产业政府监管在监管主体、监管职权和监管方式上还存在一定的问题。中国天然气产业政府监管机构的顶层设计应该遵循监管的一般规律和天然气产业的行业特性，充分考虑中国历史与国情，借鉴吸收域外成功经验。本章试图剖析中国天然气产业政府监管机构存在的问题和域外天然气产业政府监管机构的典型模式，在此经验之基础上，提出中国天然气产业政府监管机构的重构设想。

第一节 中国天然气产业政府监管剖析

一 关于政府监管的一般性探讨

理论研究一般始于对概念的界定。美国著名法律哲学家埃德加·博登海默认为："概念乃是解决法律问题所必须的和必不可少的工具。没有限定严格的专门概念，我们便不能清楚地和理性地思考法律问题。"①

"监管"一词源于英文中的"regulation",有管理、控制、规章、规则、管制、法规等多重含义。从词源来看,regulation 是 regulate 的派生词,根据《新牛津英语词典》的解释,regulate 是指通过控制或保持一定的速度使得机器或程序能正常运转,由此可引申为通过规则或法律进行控制和监督。Regulate 一词可以追溯到晚期拉丁语词汇 regulatus,指调整、引导,拉丁语词根 regula 含有规则(rule)的含义。② 学者根据语义需要,翻译为规制、监管、管制等,也有学者称之为政府管制、政府规制、政府监管。

学者布雷耶认为,政府对市场进行规制首先必须具有经济的或非经济的正当性。③ 当市场不能有效地配置资源时,政府干预市场的正当性就出现了。规制的其他正当性依据还有:不平等的讨价还价能力、道德风险、父爱主义、稀缺等。④ 政府规制市场的非经济的正当性与社会上通行的一整套价值体系有关,政府根据这些价值标准事先设立市场运行规范,当市场的运行方式和这些价值准则不符时,法院可以根据宪法和法律宣布规制政策违宪或违法。针对规制方法,布雷耶认为,政府对规制方法的选择是在一个相对有限的范围内做出的,运用哪种规制方法不仅受规制问题的具体情况影响,而且还会受到政治的影响。一般来讲,有服务成本费率制定、

---

① [美]E.博登海默:《法理学:法律哲学与法律方法》,邓正来译,中国政法大学出版社 2004 年修订版,第 504 页。

② [英]皮尔森:《新牛津英语词典》(英文版),上海:外语教学与研究出版社 2001 年版,第 1563—1564 页。

③ 关于规制正当性的经济学代表著作有:H. Demsetz, "Why Regulate Utilities?", *The Journal of Law and Economics*, 1968; A. Kahn, The Economics of Regulation: Principles and Institutions, 2 vols (New York, 1970, 1971); G. Stigler, "The Theory of Economic Regulation", *The Bell Journal of Economics*, 1971; R. Posner, "Natural Monopoly and Its Regulation", *Stanford Law Review*, 21, 1969.

④ [美]史蒂芬·布雷耶:《规制及其改革》,李洪雷等译,北京大学出版社 2008 年版,第 49—52 页。

基于历史的价格规制、基于公共利益标准的配置、标准制定等选择。无论是布雷耶对政府规制取得正当性的探讨还是对规制方法的选择，都暗含了对政府规制的实体问题和程序问题的考察。

美国学者丹尼尔·F. 史普博（Daniel F. Spulber）认为"管制是由行政机构制定并执行的直接干预市场配置机制或间接改变企业和消费者供需决策的一般规则或特殊行为"[①]。这里的行政机构（Administrative agency）指的就是由立法机关通过法律授权的政府机构。在市场经济条件下，一方面立法机关通过法律文件对市场的运行以及资源配置效率最终产生影响，另一方面司法机关也通过判例中的法律适用对行政机构监管政策的合法性进行审查。但无论是立法机关的法律文件，还是司法机关的判决，都是以行政机构及其监管政策为媒介而间接作用于市场的。

美国学者施蒂格勒（George J. Stigler）认为"管制定义为一种规则，管制是产业所要求，并且主要为产业的利益而设计和运行"[②]。

英国学者安东尼·奥格斯认为"规制，基本上是一个政治经济学词汇，只有通过对不同经济组织及维持这些经济组织的法律形式进行考察，才是了解规制的最佳途径。而且，只有在社群体系（collectivist system），才存在'规制'。这些规制行为是国家为了鼓励经济活动，纠正市场失灵的出现所采取的行为。在这里，'规制'就是用来指支撑社群体系的法律，一方面，规制具有国家控制的含义，另一方面国家进行规制的手段是公法"[③]。

综合以上学者的研究成果，根据政府监管的目标与本质，作者

---

① ［美］丹尼尔·史普博：《管制与市场》，余晖等译，上海三联书店1999年版，第45页。
② ［美］乔治·J. 施蒂格勒：《产业组织和政府管制》，潘振民译，上海三联书店1989年版，第2页。
③ ［英］安东尼·奥格斯：《规制：法律形式与经济学理论》，骆梅英译，中国人民大学出版社2008年版，第1—2页。

认为,所谓政府监管是政府为了维护不同市场参与者之间的利益均衡与利益分配的公平合理,通过法律规范市场主体的经营行为,从而实现经济效率和分配效率。政府监管的目的在于纠正市场失灵。

政府监管具有以下几个方面的特征。

第一,监管主体必须为独立的行政机构,具有独立的法律地位。监管机构的独立性表现于:它必须与传统的行政机构尤其是宏观决策部门相独立,依法行使监管权;必须与市场主体相独立,公正行使监管权力。在英美法系国家,行政部门(The Executive Department)与行政机关(Administrative Agencies、Executive Agencies)不是同一个概念,后者一般被称为"政府第四部门",其主体部门就是本书所说的独立行政机构。当然,由于各国在国家宪政体制上的差异,监管机构的独立性程度各不相同。以美国为例,美国的监管组织主要有两类,一类是部委内部设置的,但具有相对独立性的监管机构;另一类是完全由国会专门立法授权成立的,具有较高独立性的监管组织。中国的监管机构既有类似于证监会、银监会等独立的监管机构,还有在政府核心部门以内设行政机构存在的以及以国务院直属机构形式存在的国家局,如国家能源局。[①]

第二,监管对象是市场、企业及个人。政府为实现特定的经济目标和解决市场失灵的问题,采用制定规则、确立标准等方式来规范社会和市场经济秩序。

第三,监管方式多种多样,既有激励性手段,也有限制性手段。国外学者 Djankove 和 Shleifer 的研究表明,国有化、法律、监管和完善的经济自由化是政府干预经济的基本方式。

第四,监管依据是法律。监管机构行使行政权力必须符合权力法定原则的要求,从发达国家专业监管体制来看,"根据法律"首

[①] 唐祖爱:《中国电力监管机构研究》,中国水利水电出版社 2008 年版,第 27—29 页。

先要求监管机构的权力要有法律上的授权。如美国为了实现特定专业监管的目的,都是通过国会立法的方式来设立监管机构,以监管州际铁路为例,1887 年通过了《州际贸易法案》,设立州际贸易委员会 ICC,并在法案中明确规定监管机构的法律地位以及行政权力;"根据法律"还要求监管基于公开、透明的规则和法定程序进行,这是法治行政区别于计划体制下政府任意行政、以政策取代法律的显著特点。

二 天然气产业政府监管内涵

天然气产业政府监管就是相对独立的天然气产业监管机构对天然气产业经济活动实施的专业领域内微观干预活动,包括对自然垄断环节的直接监管和对竞争性环节的间接监管。政府对天然气产业进行监管一般从经济性监管、社会性监管及反垄断监管三个方面展开。

(一) 经济性监管

日本学者植草益认为,经济性监管是指在自然垄断和存在信息偏差的领域,为防止发生资源配置低效率和确保利用者的公平利用,政府机关用法律权限,通过许可和认可等手段对企业进入、退出、价格、服务的数量与质量、财务会计等有关行为进行监管。[①] 天然气经济性监管产生的主要原因在于自然垄断性的客观存在,虽然在天然气产业中也存在信息偏在的现象,但不构成一个独立的政府监管的根据。一般认为价格监管和准入监管是经济性监管的主要内容,根据上一章对天然气产业自然垄断性的分析,天然气产业经济性监管主要包括以下两个方面。

1. 价格监管

天然气同其他普通商品相比较,其特殊性表现在天然气从生产

---

① [日] 植草益:《微观规制经济学》,朱绍文等译,中国发展出版社 1992 年版,第 27 页。

到消费必须经过长输高压管道和地方配气管网这一中间环节。这也是天然气被认为是自然垄断产业的重要依据。中国的天然气价格形成机制具有浓厚的计划经济色彩和政府管制特征，天然气出厂价和管输价实行政府指导定价，价格由国家发展改革委价格司确定。地方配气价格由当地政府物价局确定。在天然气价格体系中，出厂价（井口价）是各类价格构成的基础。

目前，中国的天然气价格形成机制采用的是成本加成定价法，就是以井口价格为基础，在各环节层层累计成本的基础上附加一定利润最终形成天然气零售价格。这种计价方式简单粗放，适合天然气产业发展的初期阶段使用。随着中国天然气产业的不断兴起壮大，这种价格形成机制逐渐暴露出越来越多的弊端。

除了成本加成法，国外存在天然气价格管制的国家还采用净值回推定价方法。这种计价方式，根据能源等热值换算原理，用在终端市场与之竞争的能源的平均价格确定天然气零售价格，然后减去配送成本和运输成本得到出厂价格。通过这种方式计算出来的结果与天然气销售商愿意支付给生产商的最高购买价是一致的。[①] 应该注意到的是，政府对天然气价格监管的放松不能一蹴而就，而应该适应一国天然气产业市场化程度而逐步放开。

中国自 2005 年 12 月开始推行天然气价格改革，力图通过设计合理的天然气价格形成机制，既能够抑制垄断企业获取超额利润，保护消费者利益不受侵害，又能够在保证企业有正当利益的同时，有效地刺激天然气企业提高效率，且实现资源的有效配置。

2. 准入监管

在一个市场上，除了产品价格外，企业数量也是关系该市场生

---

① 武盈盈：《中国自然垄断产业组织模式演进问题研究——以天然气产业为例》，经济管理出版社 2014 年版，第 108—109 页。

产和分配效率的重要因素。因此，政府监管的另一个关键变量就是企业数量。进入和退出监管的目标就是把企业数量控制在一定水平以避免重复建设、过度竞争。准入监管主要有三种方式，一是特别许可，二是特别注册制，三是申报制。根据一国天然气产业市场化程度的不同，政府对天然气市场准入监管的重点各异。目前，中国天然气产业准入制度还存在一定问题，具体表现在以下几个方面：首先，在上游天然气勘探、开发领域，天然气矿业权制度还不够完善，既没有普遍采取招标方式发放矿产许可证，也没有制定更为严格的矿产许可证延期条件，这一制度安排不利于天然气资源的勘探开发。其次，在中游天然气管道运输领域，管网未建立第三方准入制度，导致其他市场主体无法进入管网等基础设施建设领域。最后，在下游燃气销售领域，中国还未实行城市燃气特许经营权。

(二) 社会性监管

学者植草益认为，社会性监管是以保障劳动者和消费者安全、健康、卫生、环境保护、防止灾害为目的，对物品和服务的质量与伴随着提供它们而产生的各种活动制定一定标准，并禁止、限制特定行业的规则。[1] 社会性监管依据监管内容可以分为健康监管、产品安全监管、环境监管、职业安全和卫生监管等；依据监管手段，可以分为直接限制、行政手段、经济手段和信息提供与公开等。美国通常把社会性监管局限于健康、安全和环保这三个方面，从而把社会性监管狭义地称为 HSE 监管（Health, Safety and Environmental Regulation），而不对其进行规范性定义。以社会性监管的理论依据为基础，可以将社会性天然气监管分为安全监管、普遍服务监管和环境监管。

大自然赋予人类各种自然资源，人类在借其创造财富的同时，

---

[1] ［日］植草益：《微观规制经济学》，朱绍文等译，中国发展出版社1992年版，第22页。

对这些资源的开采业伴随着各种消极影响和破坏。按照经济学理论，在市场经济或向市场经济过渡的经济体中，每个市场主体（不论是国有企业、民营企业还是外资企业），都理所当然地把追求利润最大化作为其首要目标。在价格机制和立法没有强制地把对公共环境资源的使用和破坏转化为内在成本之前，每个市场主体在大部分情况下都倾向于将环境破坏造成的成本转嫁给社会。这就是经济学中的外部性问题。

在计划经济体制下，几乎所有的成本都由国家和社会承担，环境的外部性问题仍然十分严重。这就是为什么中国 GDP 中生产每一单位产品所需要耗费的能源要远远高于西方市场经济国家，高能耗、低产出的现象仍然存在，资源滥用和浪费，能源的破坏仍然非常普遍。天然气资源既具有战略价值也具有生态上的重要性，权衡开发与收益是一个亟须解决的问题。在环境监管的背景下，财产规则的工具性特征表现突出，近年来环境政策中一个明显的趋势是，运用以市场为基础的监管措施来应对环境危害。

（三）反垄断监管

芝加哥学派代表人物波斯纳在《反托拉斯法：案例、经济学解释和其他材料》一书中指出：反垄断政策的目的，是促进经济效率，在此基础上实现消费者利益最大化。他强调，反托拉斯法的目的并不仅在于保护竞争者，更应在于保护竞争本身。市场竞争的本质本就是优者胜劣者汰。故而，对企业行为是否为垄断的判断，其根本并不在于其是否损害竞争者或者是排斥竞争，而是应当将其是否促进了社会整体经济效率的提升作为根本依据。事实上，市场上的竞争者过多，并不利于规模经济的形成和经济运行效率的提升，此时，通过竞争和兼并来推动市场的集中就变得非常必要。

由于天然气产业具有规模经济、范围经济特征，在中游天然气管道运输领域还具有自然垄断特征，为了防止垄断企业滥用优势地位破坏市场正常竞争秩序，提高资源配置效率，需要对天然气企业进行反垄断监管。对于中国天然气产业发展来说，针对市场上占据优势地位的国有企业在推行天然气产业市场化的过程中，天然气企业的经济性垄断与行政性垄断交织在一起，更需要加强对天然气企业垄断行为的监管。

三　中国天然气产业政府监管的历史变迁

由于现行的天然气产业政府监管体制是新中国成立以后，随着国家机构建设逐步发展、演变而来，因此，本节对天然气产业政府监管体制的历史考察以新中国的成立为起点。伴随着近半个世纪以来油气产业的分化组合，天然气产业也经历了数次的调整与改革，这种监管体制改革的演进历程体现了中国经济体制从计划经济走向市场经济的基本取向，根据其自身演进的规律和特点，大致可分为三个阶段。

（一）第一阶段：高度集中的计划经济管理体制（1949—1978年）

新中国成立后，面对西方国家的封锁禁运和不稳定的国际形势，中国仿照苏联高度集中的计划经济管理模式，迅速形成了以重工业为基础的工业体系。这一时期的油气产业，实行的是政府垄断下的高度集中的计划经济管理体制。

从1949年新中国成立到1978年吹响改革号角，中国油气行业的管理机构从燃料工业部、石油工业部、燃料化学工业部到石油化学工业部，不论名称如何变化，都保持了计划经济的管理体制。该制度以政企合一和中央指令性计划为基础，资源配置和生产指标完全遵从国家计划安排，这在当时西方国家对中国实行封锁禁运、苏联计划经济体制的示范效应及国家亟须发展油气工业的大背景下，该制度安排对于初创时期的油气产业发挥了积极的作用，对国民经济起到了重要的支撑作用。

这一时期，中国油气产业规模的扩张是靠一个个新油田的攻克和大量兴建石油化工企业而获得的，生产过程的重大技术创新也是通过科技攻关大会战的形式获得的。"纵观石油会战的整个过程，无论是决策还是组织实施都不可能是真正的企业行为，而是石油勘探开发总动员的准军事化的国家行为，具有浓厚的战时共产主义性质。"[①] 长期的计划配给体制，决定了油气企业生产的是产品而非商品，油气勘探开发队伍是一支为国家"献石油"的"特种部队"。石油会战的成果是丰硕的，原油产量、生产能力大幅度提高，实现了原油和油品的全部自给自足，国家能源安全有了保障。但是随着中国石油工业规模不断扩张，这种高度集中的管理体制暴露出了越来越多的弊端：

从政府角度看，发展石油工业对政府财政造成了巨大压力，行政协调费用增加，监管难度加大。石油工业部作为政府部门，兼具所有者、管理者、生产者的职能，政府直接指定生产要素和产品价格，违背经济规律，导致资源配置不合理，企业"大而全、小而全"，低水平重复建设，发展后劲不足。

从基层生产单位来看，企业只听从计划指令，不关注市场的需求和变化，造成了对市场信息反应的迟钝和把握市场机遇的能力差等问题；平均主义的分配方式导致激励功能下降、人浮于事，同时职工也有增加收入、改善福利待遇的需求。20世纪70年代末，由于工业规模的进一步扩大及其他一些因素的共同制约，高度集中的监管体制的制度缺陷被放大了，油气产业发展面临两种窘境，一是原油产量出现递减，上缴利税能力减弱，中央财政出现巨额赤字，

---

① 王丹：《中国石油产业发展路径寡占竞争与规制》，中国社会科学出版社2007年版，第64页。

对石油工业的拨款能力下降；二是集中统一管理体制因缺乏利益激励机制而效率低①。

这一阶段，中国石油、天然气或矿产资源的法律体系基本处于空白，更没有矿业权的概念，单纯依靠行政力量约束行业发展。随着市场经济体制改革的不断深入，原油高度集中的计划经济体制已经不适用市场经济的发展，国家需要对油气产业进行管理体制的变革。

(二) 第二阶段：政府决定油气资源配置且政企合一 (1978—1998年)

党的十一届三中全会以后，随着经济体制改革的不断深化，石油经济管理体制也逐步由计划经济体制向社会主义市场经济体制转变，国家将油气行业按照市场化和产业化的方向进行了调整，但究其本质仍然是政府决定油气资源配置且政企合一阶段。

1978年，国家在原石油化学工业部基础上成立了石油工业部和化学工业部。1980年，成立了国家能源委员会，负责石油、电力和煤炭三个部门。1982年，撤销能源委员会，成立石油工业部、电力工业部和煤炭工业部，三个部直接由国务院领导。同年2月，为满足国内油气需求，引进外资合作勘探开发海洋石油资源，国务院决定在石油工业部内设立中国海洋石油总公司（以下简称"中海油"），授予其专门从事中国海上油气资源的勘探开发和销售，同时享有在对外合作海区内进行石油、天然气的勘探、开发、生产和销售的专营权，由此，中国海上的石油勘探开发与陆地实现分地而治。1983年7月，为了搞好石油资源的合理利用和原油加工，国务院将石油工业部中的炼油化工业务部分独立出来，成立了中国石油

---

① 据学者杨嵘1999年对各主体之间利益结构和权力结构分析表明，政府掌握着绝对权力，下级行政部门没有独立的经济利益，收入、地位完全由政府控制，唯一的作用是提出各种专业建议或强调各种困难来影响政府决策。

化工总公司（以下简称"中石化"），统一管理全国的炼油、石油化学工业，由此，中国油气产业逐步形成了上下游分割的局面。1988年9月，撤销石油工业部、电力工业部和煤炭工业部，成立能源部。在原石油部基础上组建中国石油天然气总公司（以下简称"中石油"），依据国务院授权，负责统一规划、组织、管理和经营全国陆上石油、天然气资源的勘探与开发，并统一经营和归口管理在国家批准的陆上特定区域内，与外国公司合作勘探、开发油气田。至此，海陆正式分家。

1992年3月能源部被撤销，中石油、中海油、中石化直接属于国务院领导。三大公司加上负责进出口业务的中国化工进出口总公司（以下简称"中化总公司"），中国油气产业逐步形成了"三分四统"垄断格局，即：中国石油天然气总公司、中国石油化工总公司、中国海洋石油总公司、中国化工进出口总公司四家国有公司实行"上下游分割、海陆分家、内外贸分治"的管理格局。[①]

1996年12月，中央为了改变中国新增探明储量停滞不前的局面，开辟石油、天然气勘探开发的新局面，国务院正式批复地质矿产部，同意组建新星石油有限责任公司（以下简称"新星公司"）。新星公司为国家投资组建的国有独资公司，主要从事国内石油、天然气资源的勘查、开发和生产等经营活动，并可从事与其生产经营相关的产品进出口贸易和其他经济技术合作业务。虽然，新星公司规模比中石油、中石化、中海油、中化总公司小得多，但由于被赋予了在油气行业自由施展的空间，因而可以与其他四大公司并存，形成了"五龙治水"[②]的垄断格局。这一时期，五大国有油气公司

[①] 何晓明、宦国渝、李晓东：《油气业：从"五龙治水"到寡头竞争》，载中国经济改革研究基金会、中国经济体制改革研究会联合专家组《中国反垄断案例研究》，上海远东出版社2003年版，第31—35页。

[②] 学者何晓明等将"五龙治水"定义为在取消行业主管部门的情况下，由五大国有油气公司参与并形成的海陆、上下游、内外贸分割的垄断格局。

各自为政、分散经营。不仅在各自领域享有行业垄断权,而且还承担着政府职能,他们既是市场的竞争者,又是行业的"裁判员"。由于石油部和能源部先后被撤销,一部分政府职能由综合部门承担,另一部分则由中石油、中石化、中海油承担。中石油和中海油代表国家管理陆上、海上油气行业的国有资产,对陆上、海上油气资源行使规划权、管理权、经营权,并负责制定相应的规章制度;中石化代表国家对其下属的下游石油化工的国有资产行使管理权,并负责规划、管理、经营和制定相应的规章制度。特别是中石油在当时基本代替了原石油部的功能,从其组织机构就可以看出"中石油与其是一个企业倒不如说是个部委"[1]。因此,"从政府与市场的关系角度,该时期的油气体制依然是政府行政主导资源配置,政企不分阶段"[2]。

这一阶段改革的主要内容是扩大油气企业的自主权,推行承包经营责任制;坚持"引进来"的方针,开启了中国油气资源对外合作的大门;改革油气领域行政管理体制,组建国家石油公司。通过上述梳理,可以看出这一阶段中国政府对油气产业的监管主要呈现以下几个方面的特点。

首先,从计划经济向市场经济的管理模式过渡,逐步减少指令性计划,减少对企业生产经营活动的直接干预,缩小了投资项目审批范围;油气企业生产要素的价格有些已经开始由市场进行配置,计划内和计划外产品价格被统一,增强了产品配置中的市场成分。

其次,对政企不分的管理体制进行了改革,油气企业的投资体制、生产经营方式等都开始发生重大变化。中国海洋石油总公司在

---

[1] 刘长明等:《中国石油市场的战略构想》,经济科学出版社1998年版;严绪朝等:《中国石油大重组》,石油工业出版社1998年版。

[2] 朱彤:《我国石油天然气体制的演进逻辑、问题与改革建议》,《北京行政学院学报》2014年第6期。

对外合作的竞争中更多地借鉴了国外石油公司管理的办法和经营。

最后，在进行政企分开的改革中，国家虽然尝试通过建立能源部和几个能源行业总公司的方式实现政企分开，但没有达到预期目的。随着能源部的撤销，事实上从此弱化和分散了政府对油气产业的管理，加剧了政企不分。总公司与下属众多法人企业基本上是行政隶属关系，作为法人实体和市场竞争主体的地位没有体现出来。长期的低油价、低气价政策造成的政策性亏损，掩盖了落后的管理方式，使油气企业改革长期滞后于其他行业的企业改革。在中石油、中石化行使行政管制的真空地带，出现了一些受利益驱动的地方部门和企业对上游的油气资源乱开滥采及下游重复建设的问题，但却没有一个强有力的监管部门去处理和协调的现象。由于经济体制改革还没有到位，三大石油公司基本上还是以国家公司形式存在着，是承担部分政府职能的行政性总公司。因此，政企分开的初衷并没有达到。所不同的是前一阶段政企不分的特点是"政府就是企业"，这一阶段的特点是"企业还是政府"。[①]

这一时期，油气资源管理逐步从单纯的行政手段向法制化方向发展。1982年1月，国务院颁布实施《中华人民共和国对外合作开采海洋石油资源条例》，展开了对外合作勘探海上石油的工作，加快了中国海洋石油对外开放的步伐。1986年3月19日，第六届全国人大常委会第15次会议审议通过了《中华人民共和国矿产资源法》，同年10月1日正式实施，这是中国第一部矿产资源法律，也标志着中国油气资源管理开始步入有法可依的轨道。1987年，国务院相继颁布了《矿产资源勘查登记管理暂行办法》《矿产资源开采登记暂行办法》和《矿产资源监督管理暂行办法》，确立了矿产

[①] 国务院发展研究中心资源与环境政策研究所：《中国石油资源的开发与利用政策研究》，中国发展出版社2010年7月版，第66—68页。

资源勘查登记、开采登记和开发利用监督管理三项基本法律制度。随后，为了加强对石油、天然气的勘查、开采管理，根据《中华人民共和国矿产资源法》和国务院关于矿产资源勘查、开采登记管理的有关规定，原石油工业部制定了《石油、天然气勘查开采登记管理暂行办法》，进一步明确了石油、天然气勘查登记、滚动勘探开发登记和采矿登记管理制度。1993年10月，国务院颁布实施《中华人民共和国对外合作开采陆上石油资源条例》，为陆上石油、天然气对外开发提供了法律依据，对外合作、勘查、开采陆上石油、天然气资源开始起步。

1993年国务院明确了由当时国家计划委员会负责油气工业的行业管理，但从"三统四分"到"五龙治水"的行业机构，国家计划委员会在这种油气行业的主流格局下难有所作为。

这一阶段最主要的成就是国家石油公司的成立，中国油气开发首次有了法律意义上的主体。另外，《中华人民共和国矿产资源法》的颁布实施标志着中国在油气资源勘探、开发领域有了基本法律。

(三) 第三阶段：强化油气产业行政性垄断前提下推动市场化改革的起步 (1998—2003年)

1998年3月6日，国家组建石油和化学工业局，按照"政企分开、按地域组建、上下游结合、各有侧重、相互交叉、保持优势、有序竞争"的原则，在原中国石油天然气总公司和中国石油化工总公司的基础上，分别组建了中国石油天然气集团公司和中国石油化工集团公司。重组后，两大集团不再承担政府职能，从行业性的总公司转变为上下游一体化的企业集团，从国家公司变成商业性公司。在中国海洋石油总公司保持原有功能和地位不变的情况下，中国油气产业形成了上下游一体化、南北分治、海陆分割、三足鼎立的局面。当时尚未确定归属的新星公司成了"三桶油"竞相争抢的对象，看中的就是新星公司所拥有的海陆并进、内外贸和上下游并举的空间。

国家石油和化学工业局下设规划发展司、政策法规司、企事业改革与财务司等具体业务部门，拟定油气行业发展战略，组织制定行业规范和技术标准；研究石油产业体制改革的政策措施，指导国有企业改革和结构调整，建立现代企业制度；推动国有石油企业扭亏解困、减员增效和实施再就业工程；组织政府间石油产业经济技术合作与交流。

2001年，国务院将国家石油化学工业局等其他九个局的行政职能并入了国家经贸委，同时组建新的行业协会——石油和化工协会，其接受国家经贸委管理。经过1998年的两大集团重组和2001年国家石油化学工业局的撤销，中国石油产业管理体制初步完成了政府管理由计划经济向市场经济的转变。但政府的石油产业管理体制改革并没有真正完成。

这一时期，全国人大常委会修改了《中华人民共和国矿产资源法》，国务院相继颁布《矿产资源勘查区块登记管理办法》《矿产资源开采登记管理办法》《探矿权采矿权转让管理办法》等一系列配套法规和规章制度，对油气资源管理制度进行了进一步的完善和补充。

（四）第四阶段：专业化监管起步和继续推动市场化改革（2003—2015年）

这一阶段有两个显著特征，一是国家开始尝试从专业化角度进行监管；二是国家努力推动天然气产业市场化改革进程。

2003年，中央在国家发展和改革委员会（以下简称"国家发展改革委"）下设国家能源局，负责对能源进行宏观管理、研究制定相关能源政策。2005年，中央成立国家能源领导小组，下设国家能源管理办公室、国家能源领导小组专家组等机构。2007年12月，中央成立国家能源专家咨询委员会，由40名国内著名能源专家组成。

国家能源专家咨询委员会下设六个专业委员会①，这些委员会为中国能源工业发展、完善能源政策、起草能源法律法规发挥了重要的作用。2008年，国家能源局成立，隶属于国家发展改革委，提升了国家能源宏观管理的位阶。其中，石油、天然气司和石油储备办公司负责石油领域的宏观调控工作。2010年1月，根据第十一届全国人民代表大会第一次会议审议批准的国务院机构改革方案和《国务院关于议事协调机构设置的通知》（国发〔2008〕13号）精神，国务院成立国家能源委员会，该委员会是中国最高级别的能源管理机构，旨在加强能源战略决策和统筹协调。② 2013年，原国家电力监管委员会并入国家能源局，组成新的副部级的国家能源局。进一步提高了国家能源局的监管能力。在这一阶段，国家一方面积极探索天然气价格改革方案；另一方面，在市场准入方面开始大胆尝试，2012年5月，国土资源部第一次对页岩气的招标向民营企业开放。

四 中国天然气产业政府监管的现状与问题

（一）中国天然气产业政府监管的现状

中国天然气产业政府监管机构萌芽于计划经济的土壤，脱胎于计划经济管理体制，是在建设社会主义市场经济和加入世贸组织、融入全球经济一体化进程的双重压力下催生的，没有成熟的市场经济背景，没有完善的法治背景。

目前，中国天然气产业政府监管采取的是典型的"政监合一"模式，具体到监管机构的状况，大致如下。

1. 组织架构

国务院作为中国负责天然气产业监管的最高管理机构，决定天

---

① 分别是电力与核能专业委员会、油气专业委员会、煤炭专业委员会、能源节约专业委员会、可再生能源专业委员会和能源经济专业委员会。

② 参见国务院办公厅《关于成立国家能源委员会的通知》（国办发〔2010〕12号）。

然气行业发展战略和重大方针政策,审批限额以上重大投资和对外合资、合作项目,批准天然气产业重大重组方案,授予油气企业在中国勘探开发石油、天然气的经营资格。

作为国务院的组成部门之一,国家发展和改革委员会通过国民经济综合司确定石油、天然气及油气产品的总量平衡计划;发展规划司指导油气产业的中长期规划,并对规划实施情况进行监测评估;组织拟定天然气价格、收费标准,组织油气产品的价格和服务的成本调查;价格监督检查司指导天然气价格监督检查工作,组织实施价格检查,依法查处天然气价格违法行为,依法查处价格垄断行为,按规定受理价格处罚的复议案件和申诉案件。

国家发展改革委下设国家能源局,拟定并组织实施能源发展战略、规划和政策,研究提出能源体制改革建议,负责能源监督管理等。国家能源局①内设十二个司,包括法制和体制改革司、发展规划司、电力司、核电司、煤炭司、石油天然气司(国家石油储备办公室)、新能源和可再生能源司、市场监管司、电力安全监管司、国际合作司等。其中石油天然气司承担石油、天然气行业管理工作,拟定油气开发、炼油发展规划、计划和政策并组织实施,承担石油天然气体制改革有关工作,承担国家石油储备管理工作,监督管理商业石油储备。

2. 与政府其他部门天然气监管职能的分配②

目前,中国天然气产业政府监管职能并非完全集中于国家发展和改革委员会和国家能源局,一些综合性部门如国土资源部、国有资产监督管理委员会、商务部、财政部、国家质检总局、环境保护

---

① 《国家能源局简介》,国家能源局网,http://www.nea.gov.cn/gjnyj/。
② 王丹:《中国石油产业发展路径:寡占竞争与规制》,中国社会科学出版社2007年版,第164—166页;于文轩:《石油天然气法研究——以应对气候变化为背景》,中国政法大学出版社2014年版,第134—137页;国务院发展研究中心资源与环境政策研究所:《中国石油资源的开发与利用政策研究》,中国发展出版社2010年版,第74—87页。

部、科技部、国家税务总局等也在一定程度上承担天然气产业监管职能。表3—1展示了天然气产业监管职能的分配情况。

表3—1　　中国现行天然气监管职能配置（监管主要事项及负责部门一览）

	监管职能	监管部门
天然气勘探开发	准入许可	国务院、国土资源部
	天然气生产	国土资源部、国家海洋局
	勘探投资	国务院、国家发展改革委、商务部、国土资源部
	天然气贸易	商务部、海关总署
	天然气价格	国家发展改革委
天然气管道	投资	国家发展改革委、国家能源局
	放开准入	国家能源局及其派出机构
	定价	国家发展改革委及地方物价局
	安全监管	国家安全监管总局
其他运输方式	公路 水路	交通运输部
天然气市场	天然气市场准入	国家或县级城市建设行政主管部门、市政市容管理委员会
	贸易准入	商务部
	城市门站价格	国家发展改革委、各地物价局
	天然气生产活动	国家安监总局、环保局、国家海洋局
	天然气利用	国家发展改革委
安全、环保、质量	生产过程	各地环保局
	质量标准	国家质检总局
财税		财政部、国税总局、海关总署

资料来源：武旭：《我国油气行业监管体系目标设计思考》，《西南石油大学学报》2015年第3期。

3. 资金来源

中国天然气产业的资金来源主要是财政拨款。

(二) 中国天然气产业政府监管中存在的问题

中国天然气产业政府监管机构几经变迁，现有监管体制对促进中国天然气产业发展起到了重要的作用。但由于能源行业长期受计划经济体制的影响，行业割据和垄断现象十分严重，总体看来，目前中国天然气产业政府监管机构主要存在以下问题。

1. 监管机构分散，监管职能割裂

监管机构设置是涉及一国能源管理体制是否科学、合理的关键问题。中国从1993年国务院撤销能源工业部到2008年成立国家能源局，中间有近16年的时间没有一个统一的能源管理部门，即使2008年国家能源局成立，仍然没有将中国能源管理职能统一起来。

目前，中国天然气产业政府监管内容庞杂，涵盖了行业准入、价格、进出口管制、安全等多方面的内容，按照目前国务院"三定"方案对相关职责的划分，天然气产业领域涉及国家发展改革委、财政部、国家能源局、环境保护部、国土资源部等多个相关职能部门，这种分散管理模式不利于制定统一协调的能源发展战略，即便能源政策、产业政策出台，也会出现相互推诿甚至抵触现象。因监管主体责、权、利的不对称，导致监管机构无法承担起协调平衡政府、企业与消费者利益的重任。此外，监管机构分散还使得天然气产业政府监管效率较低，且因各个部门的权力之争和认识不同，还会造成政出多门，企业受多个"婆婆"监管的局面。

2. 管监合一，定位不明

对于政府监管的一个国际共识是：监管机构应依法独立行使监管职能，换句话讲：政府的政策制定职能要和监管职能相分离。而中国天然气产业政府监管的做法恰恰和国际共识背道而驰，国家能源局既负责拟定并组织实施能源发展战略、规划和政策，研究提出能源体制改革建议，又负责天然气产业的微观监管职责。这种政监合一的制度安排使国家能源局的专业监管职能可能因宏观产业政策的考虑而有失中立与客观。在组织机构、经费来源、人事安排方面，国家能源局只是隶属于国家发展和改革委员会的一个直属机构，这与中国能源安全的现状极不协调。

3. 政企同盟，职能不清

中国油气行业是在长期计划经济体制下，通过国有国营、限制准入、计划配置资源等方式发展起来的，其基本特征是政企不分的行政性垄断。中石油、中石化、中海油既承担商业性经营，又承担部分政府职能，这使得这些大型的能源国有企业难以完全按照商业规则进行经营，这些国企凭借着自身的政治资源和行政资源，享受在价格、收费、税收、特许经营权等方面的优惠政策，形成了自己独特的"低成本优势"，追逐市场利润，获得超额利润，本该属于国家的垄断利益，却被转换成了垄断企业的利益。当国家垄断利益固化为部门和企业利益以后，在对此进行调整和改革，难度很大。

比如在"天然气对外合作过程中，国有油气公司既是外国投资者工程项目中的合作伙伴，又是市场上的竞争对手，还是规则制定的参与者，国有油气公司的三重身份不利于营造吸引投资的市场环境"。[1]

4. 监管机制混乱

中国天然气产业在监管方式上"政策性业务与经营性业务不分，竞争性环节与垄断环节不分"。[2] "在上游领域，中国国家油气公司之间'划地而治'的做法以及对外合作的专营权使得行业准入尚存在一定的障碍；矿产许可证管理方式尚未更多地引入市场竞争机制；还未普遍采取招标方式发放矿产许可证，也没有制定更为严格的矿产许可证延期条件，以促使拥有许可证的公司积极勘探、开

---

[1] 周志斌等：《中国天然气经济发展问题研究》，石油工业出版社2008年版，第50页。
[2] 董宏、王强：《反垄断进程中的体制下障碍》，载中国经济改革研究基金会、中国经济体制改革研究会联合专家组：《中国反垄断案例研究》，上海远东出版社2003年版，第16页。

发；产品分成合同的财税条件还有待修改，特别是由于采取了限制产品分成合同的合作伙伴从事石油和天然气销售的做法，降低了潜在进入者的兴趣。在下游领域，没有完全向竞争各方放开零售业务，并在进口、出口和定价上以政府命令为准；城市配气系统的公司化经营和市场化运作水平还有待提高。"[1]

5. 权威性不足

天然气产业监管机构权威性不足的原因是多方面的，一方面是国家能源局受制于各方力量，独立性差及监管职能分散，难以作出有分量的监管决策。另一方面以"三桶油"为代表的国有企业掌舵人，根据现行管理体制和制度，其领导直接受命于中央，相应享有很高的行政级别，此外，这些大型油气企业掌握着国家的重要战略资源，拥有雄厚的经济实力，在国家经济发展中具有举足轻重的地位，上述原因在根本上就决定了监管者与被监管者在权力构建上的失衡。

6. 权力问责机制不健全

天然气产业政府监管机构享有较大的国家公权力，其相关部分官僚化问题具有普遍性，这使得公共投入和支出浪费严重。在向社会提供天然气产品的过程中，由于政府的强力介入，使得政府的再分配出现不公现象，甚至产生寻租活动[2]。针对可能出现的监管者被捕获或与被监管者合谋而产生的损害公共利益的行为，需要有科学的问责机制以防患于未然。学者斯蒂格利茨（Joseph E. Stiglitz）针对政府监管机构的可问责机制研究指出，政府监管首先要有明确的监管政策目标，其次要经过相关评估确认目标是否实现，最后监

---

[1] 世界银行、国务院体改办经济体制与管理研究所编：《中国石油天然气行业现代化结构改革和监管》，中国财政经济出版社2001年版，第2页。

[2] 租，本意源于地租，在经济学中是指超过资源所有者的机会成本的报酬，学者卫志明研究指出"租是某种要素得到的高于该要素用于其他用途所获得的收益，也可理解为实际利润或收入超过竞争性利润或收入的那部分"。

管机构应对其行为（作为和不作为）承担相应的行为后果。[①] 可问责机制的衡量指标可从以下几个方面进行阐释，见表3—2。

表3—2　　　　　政府监管机构可问责性的衡量指标体系

	变量	考察指标
激励机制	监管政策的目标	（1）适用的相关法律是否规定了监管目标
		（2）如果存在多重目标，是否规定了明确的优先次序
		（3）目标是否被量化（活用明确的语言表述[②]）
	评估程序	（4）对监管目标的实现程度是否有定期评估程序
透明度	经济上的透明度	（5）公众是否能获得制定监管政策的基本数据资料（如：价格上限的计算）
		（6）监管机构是否公布用来进行政策分析的正式经济模型
	程序上的透明度	（7）监管机构是否发表它的经济预测
		（8）监管机构是否提供表明其监管政策的明确的监管规制或策略
		（9）监管机构是否在合理的时间内解释其政策决定
		（10）监管机构是否公开每一个决定作出的过程
		（11）监管机构是否公开未来可能采取行动的明确迹象
		（12）监管机构对监管目标的实现程度是否进行定期评估
决策的公开	参与	（13）监管机构是否征求咨询委员会的意见
		（14）咨询委员会是常设的还是临时的
		（15）咨询委员会由哪些组织的代表组成？各自比例如何
决定的审查	申诉机制	（16）对监管机构的决定可以申诉吗
		（17）如果可以，可以向哪些机构申诉
		（18）申诉理由有哪些

资料来源：Fabrizio Gilardi,"Evaluating Independent Regulators",转引自马英娟《政府监管机构研究》，北京大学出版社2007年版，第98页。

---

① Joseph Stiglitz,"Democratizing the International Monetary Fund and the World Bank：Governance and Accountability", Governance, Vol. 16, No. 1, 2003, pp. 111–139.

② 很多情况下，公共产品供给的评价目标考察的主要是社会综合收益而非单纯的经济收益，因此，决策及评价机制复杂，这为相关官员的"设租"提供了便利条件。

7. 法治化程度低

目前，中国天然气产业政府监管中存在的主要问题是立法的严重滞后。从各国天然气产业发展经验来看，各国都遵循"先立法后改革"的路径模式，通过制定和颁布天然气产业的监管法律，明确改革的目标、原则和主要政策，并对监管机构的职责权限作出明确的法律规定。而中国则采取的是"先改革后立法"的发展模式，天然气行业监管体制的法律依据明显滞后于该产业的改革和发展。法律的缺失严重影响了天然气产业监管体制改革的持续平稳进行。此外，中国天然气产业监管机构在设立依据上，缺乏法律授权，既没有能源领域的上位法《能源法》，也没有针对天然气产业的《天然气法》。由于立法的滞后，在改革过程中受传统行业管理体制的影响和对监管机构权责规定的模糊，造成监管机构的设立和运行缺乏法律依据，监管机构执法随意性大和独立性差并存，执法成本高和执法效果差并存的现象。

第二节　域外天然气产业政府监管的分析与借鉴

一　域外天然气产业政府监管的典型模式

（一）美国天然气监管体系

美国天然气产业实行联邦和州两级监管体制。为服务美国公众的经济和环境利益，监管能源产业，美国政府在能源部内设立联邦能源管制委员会（The Federal Energy Regulatory Commission，FERC），管理美国天然气产业、电力事业、水电项目及石油天然气管道运输系统。其具体职能参见表3—3和表3—4。

表 3—3　　　　　　　FERC 机构设置及职能介绍

机构设置	职能介绍
能源项目办公室（Office of Energy Projects, OEP）	批准和监督水电、天然气管道，旨在促进国家经济和环境利益
市场、价格和费率办公室（Office of Markets, Tariffs and Rates, OMTR）	处理与电力、天然气、石油管道设施和服务有关的市场、价格和费率
行政法律裁定办公室（Office of Administrative Law Judges, OALJ）	解决 FERC 直接管辖的争端，通过听证或协商确保各方利益
律师办公室（Office of the General Counse, OGC）	为 FERC 提供法律服务。在法庭和国会上，代表 FERC，负责其活动的合法性
行政诉讼办公室（Office of Administrative Litigation, OAL）	代表公众利益，寻求诉讼或听证，确保问题的结果符合 FERC 政策
外部事务办公室（Office of External Affairs, OEA）	代表 FERC
书记办公室（Office of Secretary）	文件管理和归档
行政主管办公室（Office of the Executive Director, OED）	为 FERC 提供行政支持，包括人力资源、组织管理、财务、后勤、信息技术等

表 3—4　　　　　　FERC 涉及天然气产业的具体监管职能

FERC 所涉及天然气产业的具体监管职能	1. 州际天然气运输的监管
	2. 管道、存储设施和液化天然气设施的建设
	3. 服务费率的确定
	4. 发放州际天然气管道建设和经营的许可证
	5. 根据 NGPA（Natural Gas Policy Act）和 OCSLA（Outer Continental Shelf Lands Act）监管天然气运输
	6. 监管天然气进出口管道设施的建设和运营

资料来源：刘戒骄：《公用事业监管的美国经验——以美国天然气产业为例的分析》，载周林军等主编《中国公用事业改革：从理论到实践》，知识出版社 2009 年版，第 294—295 页。

美国各州对本地天然气分销商的监管可以追溯至 19 世纪中叶。通过成立州公用事业委员会极大地改进了政府监管的效能，通过建立和加强公平竞争的构架，促进在位天然气企业和新进入者之间的竞争。

在美国，这类独立的管制机构具有半立法和半司法的功能。这意味着它们在一定程度上替代了法律系统对经济活动的监督职能。这主要源于监管机构本身的特点，首先，一个监管机构只负责某一特定的经济领域或产业。其次，在长期持续处理特定领域问题的过程中，监管机构积累了丰富的专业知识和技术，从而能对经常变化的产业情况制定出非常详细的法规。若要相关立法机构如此专业化，几乎不可能。最后，监管机构内部拥有大量非常专业的工作人员，同联邦法院或州法院的法官相比，除了在监管机构里审讯法官的裁判权受到更多的限制外，他们通常是这个领域内的专家。[①] 使得它们在处理某些特殊问题时，能比立法机关或司法机构更有效率。

除了专业的监管机构以外，美国还颁布了大量的法律文件来保障天然气产业的健康发展，如：美国国会颁布《天然气法》《天然气源泉放松管制法》、436号法案及636号法案等。

(二) 英国天然气监管体系

英国政府在贸易和工业部下设能源局，用来专门监管天然气产业的良性发展。能源局设立能源规划办公室、能源技术处、能源市场处、能源战略和国际处等相关机构，负责英国国内能源战略的制定、政策发布、市场活动等工作。

英国政府最初设置天然气供应办公室（OFGAS），隶属于贸易和工业部，2000年，英国政府在OFGAS和英国电力办公室的基础上成立了天然气和电力市场办公室（OFGEM），其职责是制定天然气和电力行业的发展规划和监管工作，促进公平竞争，保护消费者

---

① 余晖：《管制的经济理论与过程分析》，《经济研究》1994年第5期。

权益。除此以外，英国公平贸易办公室和竞争委员会及行业协会——天然气和电力消费者委员会也具有监督天然气产业的职能。英国还颁布《天然气法令》《管道法令》《公共设施法》等法律规范以保障天然气产业的健康发展。

二 可资借鉴的经验

从上述分析可以看出，美、英两国的天然气产业监管有以下两个可供借鉴的经验：第一，立法先行。两国在天然气产业的发展过程中，都注重立法对相关产业的规范与监督。第二，均在能源管理部门中设置相应机构行使监管职能，且相对独立。相对独立的监管机构可使"政监分离"，有效避免了行政部门的过度干预，从而保证监管的公平、公正。此外，市场发育程度也是影响天然气产业监管体系的一个重要因素。一般来说，天然气产业发育初期，由于市场发育不完善，各类法律法规、政策体系都不尽完善，因此政府监管力度要大一些，如美国在20世纪五六十年代分别对天然气井口价和输气管道进行监管，后来随着天然气市场的逐步成熟，从70年代末起，逐步取消了这些监管。需要指出的是，天然气市场发育的任何阶段都需要政府的有效、适度的监管。

第三节 中国天然气产业政府监管的再造

制度"供给"是国家的一项重要职能，是建立秩序维护统治的需要。就推动制度变迁的动力而言，理性的统治者会遵循经济原则，换言之，只有在改革预期收益高于其成本的时候，才会采取相关措施来消除制度的不均衡状态，进而推动制度变迁。当然，制度变迁还会受到"统治者的偏好和有限理性、意识形态刚性、官僚政治、利益团体冲突和社会科学知识的局限性、国家的生存危机等因素的影响和制约"①。如果制度变迁能够给执政者带来较大预期收益，则统治者往往积极地推动制度变迁，反之，如果制度变迁影响或威胁到统治者的治理或存在，则国家会懈怠于制度创新。②

新制度经济学家普遍认为，制度变迁具有"路径依赖"（Path-Dependence）③的特征。正如经济学家刘易斯所说："一旦制度开始变迁，它就会沿着既定的方向不断地自我强化、发展下去。"④ 制度变迁的趋势在于制度能否带来效率的提高，换言之，当一个制度无法在现有制度安排下带来高效率，势必导致一个新的制度安排的开始。

政府对天然气产业监管效率的高低决定了天然气行业对国民经济贡献效率的高低。过分分散的政府监管不利于国家统一的能源战略的实施，反之亦然，过分集中的政府监管则同样存在增加监管成本的问题。因此，选用合理、有效的监管形式，是现阶段中国在能源监管体制研究中必须认真研究的问题。目前，中国天然气产业管理体制的主要症结在于行政管理职能与监管职能、政府职能与企业职能还未真正分开，管理体制改革要彻底解决政府的"错位"与"缺位"问题。天然气产业的自然垄断性决定了该产业是一个最为典型的市场失灵领域。实践证明，国有企业垄断经营的体制是一种低效率的制度安排。与此相适应的，政府对天然气产业实行国有企

---

① 林毅夫：《关于制度变迁的经济学理论：诱致性变迁与强制性变迁》，载［美］R. 科斯、A. 阿尔钦、D. 诺斯等著《财产权利与制度变迁》，上海三联书店1991年版，第384页。

② 孙同鹏：《经济立法问题研究——制度变迁与公共选择的视角》，中国人民大学出版社2004年版，第29页。

③ 路径依赖（Path-Dependence）是由新制度经济学代表人物诺思提出来的，他认为，人类社会的技术演进或制度变迁类似于物理学中的惯性，一旦进入某一路径，就可能对这种路径产生依赖。诺思以交易成本为研究对象，系统地揭示了制度存在的原因、制度变迁的规律及制度对经济效率的影响，提出了比较完善的制度变迁理论体系。［美］道格拉斯·C. 诺思：《制度、制度变迁与经济绩效》，杭行译，格致出版社2014年版。

④ W. A. Lewis, *The Theory of Economic Growth*, London: Allen and Unwin, 1949, p. 146.

业垄断经营的制度安排不适应产业发展需要,如果不进行制度创新,就会严重地阻碍天然气产业的健康、快速发展。这种客观上要求对天然气产业实行新的制度安排。

一　天然气监管机构的设立理念

(一) 法治理念

法治是宪政的真谛和民主的基础,也是现代市场经济的一个重要特征和价值取向,可以说现代市场经济必然是法治经济。[①] 法律为政府实行对经济的宏观调控和微观调节提供最基本的活动空间,天然气产业要想进入良性的市场化运作,必须进入法治轨道。现代意义上的监管应当在监管机构设置原则、监管内容、权力制衡及配置、监管责任的分配与承担、监管职能的履行方式及程序上都有明确的法律规定。监管机构在相关法律的授权和规范下,颁发许可证,制定准入、退出标准,完善市场交易规则,上述行事规制,正是监管与法治内涵的契合之处。因此,天然气产业监管机构的设置必须以法律为根本依据。

(二) 独立性理念

"所谓政府监管机构的独立性,是指政府监管机构独立于传统科层式行政官僚体系之外,免于不当的政治干预与行政影响,鼓励自主运作,且其成员受到一定之保障,不得任意任免。"[②] 独立性理念是自然垄断行业监管机构的设立要求,包括两方面的含义,一是要求监管者与被监管者各自相互独立;二是监管机构在实施监管政策、职能时与政府其他机构相独立。"一个成功的规制体系应做到政府和规制机构之间的职责分离,即政府制定政策框架,规制机构

[①] 文正邦:《关于市场经济的法哲学思考》,《法制与社会发展》1995年第4期。
[②] 陈樱琴:《公平会独立性之研究》,转引自王湘军《电信业政府监管研究——行政法视角》,知识产权出版社2009年版,第104页。

在这个政策框架内进行规制,一旦政策框架设定,规制机构就可以进行独立的规制。"① 对天然气产业监管机构而言,独立性之体现需要做到以下几点:首先,要做到职权独立,定位分明。亦即监管机构依法行使职权时不受非法干预。考察国外相关监管机构的监管实践,其相关决定具有类似司法判决的效力,只有司法机关能进行相应审查,且仅就法律适用进行审查,涉及事实认定方面的内容一般是尊重监管机构的判断。其次,要人事任免独立。监管机构的人员非经过法定程序,不得随意任免,这有利于保障监管政策的延续性和稳定性。最后,保证经费来源独立。

(三) 适度理念

既然监管与市场一样存在失灵,那么监管的范围和相应监管机构的设置就应当保持必要的谨慎。世界各个实施天然气产业监管的国家普遍用立法先行的方式来设置监管机构以防止监管机构的滥设;同时在天然气产业中针对"市场失灵"的不同程度进行不同环节的区分,仅仅针对失灵部分进行严格的监管,而在市场机制可以发挥作用的环节积极引入竞争,让市场机制仍然发挥最大的资源配置作用。总而言之,现代意义上的监管是适度的监管,是以市场失灵为边界的监管。

经济学对监管失灵的论证和法学对权力也追逐私利的认识表明,监管机构不论在经济学或是在法学上都不是绝对的利他,抑或彻底的、完全的代表公共利益。适度监管的理念要求权力部门对监管机构授权的同时必须对其进行监督和制约。

(四) 立足国情、借鉴外国经验理念

我们应该清楚地知道,政府监管体制不能独立于传统的法律制度而推倒重新建立。在大多数西方国家,政府监管体系的形成和发

---

① 钟雯彬:《公共产品法律调整研究》,法律出版社2008年版,第294页。

展深深植根于几个世纪前就已经存在的政府结构。当下,在我们构建新的天然气产业监管体系过程中,我们必须在立足于中国国情的基础之上,有鉴别、有选择性地借鉴国外先进经验。鉴于天然气产业的自然垄断及公共事业特性,一方面要加强以价格、产品质量、准入、交易规则等为内容的经济性监管,另一方面要加强以健康、安全、环境等为内容的社会性监管。

二 中国天然气产业政府监管机构重构的具体设想

(一)设置模式

从中国市场经济发展进程及天然气产业改革步伐来看,建立综合性的独立监管机构是中国天然气产业监管机构改革模式设计的长期目标选择。党的十七大报告提出,要"加大机构整合力度,探索实行职能有机统一的大部门管理体制"。党的十八大报告再次重申,要"稳步推进大部门制改革,健全部门职责体系"。在大部制改革框架下,天然气产业政府监管体制改革短期内可考虑采取部门下相对独立的监管机构体制模式,长期来看则应根据天然气产业的制度条件和技术发展逐步建立起独立的监管机构。换言之,大部制下的部门相对独立监管机构是朝建立独立监管机构前进的一种过渡性安排。之所以这样设计,是因为在国家行政体制没有重大改革前,如果直接采取独立监管机构模式有可能使新组建的独立监管机构无法有效行使职权,影响独立监管机构的权威性,并且容易出现监管失效的情况。在一定时期内采用部门下的相对独立的监管机构模式有利于监管权的行使和行政统一协调,因此,这一渐进性改革路径能够确保改革的平稳推进,减少体制与制度摩擦和降低改革风险。

天然气产业政府机构监管机构改革可分两个阶段进行,第一阶段是根据行业特征,结合大部制改革,先在综合性部门下设置相对独立的监管机构;第二阶段,随着行政体制改革的推进,再将相对独立的机关机构的监管职能划归行政系统外的第三方,建立独立于行政机构的独立监管机构。该机构可以设置在国务院下或直接对人大负责,独立监管机构的执行职能与政府其他机构的政策制定职能相分离,具有独立的人事和预算,受立法机关监督并对立法机关负责,实现依法独立监管。

(二) 职权配置

基于法律授权,天然气产业政府监管机构应拥有准立法权、行政权和准司法权。第一,准立法权,包括三方面内容,即在一定的监管法律框架内,制定监管法规;制定标准;可以向立法机关提出立法建议。第二,行政权,监管机构的权力不限于制定抽象的规则,而且还处理大量的具体争议,例如:监管机构可以要求被监管机构呈交报告;对被监管对象进行调查等。第三,准司法权。例如,天然气产业监管机构可就管道公司是否违反第三方准入进行裁决。这种权力具有司法性质,本来属于法院管辖,但由于具有高度的专业性和技术性,一般法官缺乏这样的专业能力,因此,立法机关将这类法律争端的裁决,授予监管机构行使。

天然气产业政府监管机构的基本职能包括:制定具有普遍适用性的行为规则和监管标准;颁发和修改企业经营许可证;实行准入监管;价格监管;监督并惩处企业的不正当行为;调查和公开信息等。

针对中国天然气产业政府监管体制中存在的多部门领导、职责不清的问题,应按照职能统一、权责明确原则理顺监管机构和其他部门之间的职权配置。为确保监管机构的独立性,必须实现监管机构与政府政策部门的适度分离,通过体制改革实现国务院宏观政策部门的政企、政资、政监和政社的四分开,为独立性监管机构的设立和有效运行创造基础条件。

第四章

天然气产业上游市场化法律规范研究

第一节 关于"天然气产业上游"的说明

天然气产业是国民经济的基础产业，为百姓生活及相关行业提供了最基本的物质基础。天然气产业也是国民经济的重要组成部分，通过对天然气资源的勘探、开发等生产活动，为社会提供能源，上缴税金，增加就业机会，因此，天然气产业在社会经济生活中具有重要的地位和作用。根据天然气的技术特征，可以将天然气产业看作是由上游的天然气勘探开发、中游的天然气管道运输和下游的天然气城市配送消费所组成的企业集合。本章所要讨论的是关于天然气产业上游勘探、开发中所涉及的矿业权及市场化问题。

第二节 立足点：天然气产业上游既存法律规范及现实困境

梳理中国天然气产业上游既存的法律规范，一定要将视角扩展至中国油气产业体制发展演变的维度中，从计划经济到社会主义市场经济，经济体制发生了翻天覆地的变革，对矿业权的法律规制也必然会发生变化。在政府与市场的博弈中，天然气产业市场化进程曲折而漫长,相关立法也经历了从无到有,从缺位到零散的发展曲线。考察中国天然气产业上游既存法律规范的演进历程,可以把1978年党的十一届三中全会的召开作为时间节点,分为两个特征明显的阶段,第一阶段是从新中国成立起到1978年党的十一届三中全会止,是在高度集中的计划经济体制下以无偿开采为特征的阶段;第二阶段是从1978年到2015年,在由计划经济向社会主义市场经济转型背景下相关法律规范以从管控思维到市场思维转变为特征的阶段。笔者认为本章内容的探讨,首先应着手从上述两个阶段的矿业权法律制度的发展历程进行回顾和梳理。

一 计划经济时期天然气产业上游的法律规范:(1949—1978年)

从新中国成立初到改革开放,中国的天然气勘探开发是在高度集权的计划经济体制下运行的政府行为。1950年12月22日,政务院在第六十四次政务会议上通过了《矿业暂行条例》,这是新中国的第一部矿业法规,可以看作中国天然气立法初创时期最重要的法规。该条例共有五章三十四条,首度明确"全国矿藏,均为国有"的所有权制度,并且规定"如无须公营或划作国家保留区时,准许并鼓励私人经营"[①]。将"煤矿、石油矿、油页岩矿和天然气矿"四种矿藏规定由中央人民政府燃料工业部主管,"其他各矿,由中央人民政府重工业部主管"[②]。

这一时期,无所谓"探矿权""采矿权",实行的是矿产资源无偿开采制度。所有的天然气勘探、开发工作随附于地质工作计划与矿产生产计划下达,由政府主管部门分别直接授予有关地质勘探

[①] 参见《矿业暂行条例》第一条。
[②] 参见《矿业暂行条例》第二条。

单位和矿山企业，是一种"独立享有的""不可转移"的工作和生产性权利。[①] 在当时的矿业经济活动中，由超现实的产品经济关系代替商品经济关系，用分配代替交换，用计划代替市场，矿产资源的无偿开采制度在一定程度上降低了中国重工业优先发展的经济成本，促进了中国重工业体系的形成。在这种计划经济体制下，行政命令替代了法律，自然也就不可能有相应的矿业法律体系。

二 转型期天然气产业上游既存法律规范：从管控思维到市场思维

党的十一届三中全会确立了改革开放的发展方向，经济建设逐渐由计划经济转向社会主义市场经济，市场机制在矿业权规范管理中的作用逐渐得以体现。梳理这一时期的天然气产业上游的法律规范，可以看到矿业权立法理念从管控思维向市场思维的变化。这一时期，虽然没有颁布专门的天然气立法，但是国家根据矿产资源管理和矿业权规范的实践需求，颁布了一系列的法律法规，这些法律规范，共同构成了调整天然气产业上游勘探开发秩序的依据。具体而言，可分为以下几个方面的内容。

（一）天然气资源有偿开采制度的萌芽和油气专营权的确立

20世纪80年代初，中国进入改革开放阶段，油气管理体制也发生了相应的变化。国务院在1982年授权中国海洋石油总公司（以下简称中海油）专门从事中国海上油气资源的勘探、开发和销售；1983年将石化行业从石油部分离出来，成立中国石油化工总公司（以下简称中石化），专门负责原油的炼制、加工、销售以及生产化工产品；1988年在原石油部基础上组建

[①] 郗伟明：《矿业权法律规制研究》，法律出版社2012年版，第144页。

中国石油天然气总公司（以下简称中石油），专门负责统一规划、组织、管理和经营全国陆上石油、天然气资源的勘探与开发，并统一经营和管理在国家批准的陆上特定区域内，与外国公司合作勘探开发石油、天然气。这三家国有企业连同外经贸部直属的专营石油及化工产品进出口业务的中国化工进出口总公司（以下简称中化总公司）共同构成了海陆、上下游、内外贸分割的垄断局面。由于行业主管部门被撤销，一部分政府职能由综合部门承担，另一部分则由中石油、中石化、中海油、中化总公司承担。这些油气企业既是市场的竞争者，又是行业的"裁判员"。究其实质，这一阶段天然气产业上游遵循的是"资产政府拥有、领导政府任命、价格政府制定、经营政府控制、盈亏政府统负"[1]的传统模式。

这一时期，随着中国石油、天然气产业的蓬勃发展，对外开放力度不断加强，相关立法开始取得阶段性突破。1982年国家为促进国民经济发展，鼓励外资投资采矿业，颁行了《中华人民共和国对外合作开采海洋石油资源条例》，向外国企业开放了海洋石油资源领域，标志着中国油气产业开始对外开放。1993年，随着《中华人民共和国对外合作开采陆上石油资源条例》的颁行，开放领域进一步扩展至陆地。

需要特别指出的有两点，一是《对外合作开采海洋石油资源条例》规定了开采企业需要缴纳矿区使用费[2]，这一条款可以看作是中国矿产资源有偿开采制度的萌芽，标志着过去无偿开采制度的终结；二是这两部行政法规明确赋予了中国海洋石油

---

[1] 周林军：《公共基础设施行业市场化的政府监管》，载周林军、曹远征、张智主编《中国公用事业改革：从理论到实践》，知识产权出版社2009年版，第196页。

[2] 《对外合作开采海洋石油资源条例》第十条规定："参与合作开采海洋石油资源的中国企业、外国企业，都应当依法纳税，交纳矿区使用费。"

总公司在海洋油气资源勘探、开放、生产、销售的专营权①，授予中国石油天然气集团公司、中国石油化工集团公司在对外合作开采陆上油气资源的专营权。② 值得一提的是，国务院1984年颁布的《资源税条例（草案）》，首先对原油、天然气、煤炭等企业征收资源税，且以销售利润率的12%为起征点，纳税人从中外合作企业扩大到各类所有制企业，③ 这可以看作是中国第一代资源税制度的雏形。

（二）矿权制度的建立与逐步完善

政府可以通过界定产权结构和降低租金耗散（dissipation of rent）的方式来影响社会净财富量，提高政府的税收收入和人民生活水平。④ 正因为如此，各国政府都十分重视矿产资源产权的界定。中国政府也不例外，始终在探索如何在矿产资源产权的界定中既能体现出国家所有者的身份，又能保障矿业权主体的合法权益，还能实现矿产资源的可持续开发利用的多方共赢的制度设计。目前，就

---

① 《对外合作开采海洋石油资源条例》第六条规定："中华人民共和国对外合作开采海洋石油资源的业务，由中国海洋石油总公司全面负责。中国海洋石油总公司是具有法人资格的国家公司，享有在对外合作海区内进行石油勘探、开发、生产和销售的专营权。"

② 《对外合作开采陆上石油资源条例》第七条规定："中国石油天然气集团公司、中国石油化工集团公司负责对外合作开采陆上石油资源的经营业务；负责与外国企业谈判、签订、执行合作开采陆上石油资源合同；在国务院批准的对外合作开采陆上石油资源的区域内享有与外国企业合作进行石油勘探、开发、生产的专营权。"

③ 《资源税条例（草案）》第一条规定："在中华人民共和国境内从事原油、天然气、煤炭、金属矿产品和其他非金属矿产品资源开发的单位和个人，为资源税的纳税义务人，都应依照本条例的规定缴纳资源税。"该条例第二条规定："纳税人根据应税产品的销售收入利润率，按照下列超率累进税率计算缴纳资源税：销售利润率为12%和12%以下的，不缴纳资源税；销售利润率超过12%至20%的部分，按销售利润率每增加1%，税率增加0.5%累进计算；销售利润率超过20%至25%的部分，按销售利润率每增加1%，税率增加0.6%累进计算；销售利润率超过25%的部分，按销售利润率每增加1%，税率增加0.7%累进计算。"

④ ［冰岛］思拉恩·艾格特森：《经济行为与制度》，吴经邦等译，商务印书馆2004年版，第217—218页。

矿权可以达成的共识是[①]：矿产资源产权是由一组"权利束"构成的，它包括矿产资源所有权和矿业权，而矿业权又是由所有权派生出来的，是矿产资源所有权权能的表现，包括探矿权和采矿权。中国没有为天然气资源颁布专门的立法，下面就从既存的矿产资源法律规范中着手考察天然气资源所有权和矿业权，进而为下一步的天然气产业上游市场化的探讨做理论和制度上的铺垫。

1. 天然气资源所有权

所谓天然气所有权，系指权利主体对天然气资源享有的占有、使用、收益、处分等积极权能和返还请求权、排除妨害请求权等消极权能的总和。

中国受德国、法国等大陆法系国家传统的影响，对矿产资源及其附着的土地实行矿产资源独立制度，[②] 换言之，矿产资源不是土地的构成部分，因此，分别设立了土地所有权和矿产资源所有权，

[①] 李国平、周晨：《我国矿产资源产权的界定：一个文献综述》，《经济问题探索》2012年第6期；张凡勇：《矿权概念辨析》，《西安石油大学学报》2004年第3期；秦扬、胡实、张小龙：《论我国石油天然气矿权权利冲突及解决机制》，《生态经济》2012年第1期；郗伟明：《当代社会化语境下矿业权法律属性考辨》，《法学家》2012年第4期；曹幼元、李自如：《矿业权析义》，《中国地质矿业经济》2000年第2期。

[②] 根据目前世界各国的实践经验，天然气所有权大体在法律层面有土地所有权、国家所有权和区分所有权三种立法模式：第一种是土地所有权产权模式，以英美两国为代表。均将地下矿产资源视为土地的组成部分，土地所有人理所当然的享有其土地中蕴藏的矿产资源所有权。换言之，要想取得天然气资源，仅需取得其所依附的土地所有权。第二种是国家所有权产权模式，以法国为代表。《法国矿业法》第21条规定，国家所有权模式最大的特点是国家以宪法或法律的形式规定矿产资源归国家所有，不因其依附的土地的所有权或使用权的不同而改变。也有学者将这种产权模式称为"地下权与地表权完全分离模式"。第三种是区分所有权产权模式。区分所有权产权模式又可以分为以德国为代表的矿产资源土地所有者和国家共有产权模式与地下权与地表权有限统一模式。[美]约瑟夫·P.托梅因、理查德·D.卡达希：《美国能源法》，万少廷译，法律出版社2008年版，第8页；孙宪忠：《德国当代物权法》，法律出版社1997年版，第223页；沈莹：《国外矿产资源产权制度》，《经济研究参考》1996年第16期；[尼日利亚]因卡·奥莫罗格贝、彼得·奥涅莫拉：《国家所有权制度下的石油和天然气财产权》，载［英］艾琳·麦克哈格、[新西兰]巴里·巴顿、[澳]阿德里安·布拉德布鲁克、[澳]李·戈登主编《能源与自然资源中的财产和法律》，胡德胜、魏铁军等译，北京大学出版社2014年版，第161—163页。

土地所有权人并不一定是矿产资源所有人。中国《宪法》第9条明确规定，矿藏、水流、森林、山岭、草原、荒地、滩涂等自然资源，都属于国家所有，即全民所有。这里的"矿藏"，包含了天然气资源。《物权法》《矿产资源法》也分别从各自角度重申和落实了《宪法》中上述自然资源所有权的规定。[①] 由此可见，中国的天然气所有权主体单一，属于国家所有，由国务院行使对天然气资源的所有权。该制度安排属于"地下权与地表权完全分离模式"，即天然气资源的国家所有权不因地表土地所有权或者使用权的变更而改变。天然气资源国家所有权是天然气矿业权设置的前提和基础，天然气矿业权的创设必须在中国现行的所有制框架下进行。

2. 天然气资源矿业权

矿业权是现代国家基于矿产资源国家所有而通过行政许可方式设立的经济权利。1986年颁行的《矿产资源法》是中国矿业权立法史上里程碑式的规范性文件，此后，中国的矿产资源开发、利用、管理走上了"依法治矿"的法制轨道。[②] 该法共分七章、五十条，具体包括总则、矿产资源勘查的登记和开采的审批、矿产资源的勘查、矿产资源的开采、乡镇集体矿山企业和个体采矿、法律责任、附则等。该法明确规定了矿产资源属于国家所有，设立了探矿权、采矿权许可制度，侧重于从行政法角度管理和规范矿产资源的勘查和开采工作。

1987年，作为《矿产资源法》的配套性规范性文件的《矿产资源勘查登记管理暂行办法》《矿产资源开采登记暂行办法》《矿产资源监督管理暂行办法》等行政法规相继出台，由此确立了矿产

---

① 《物权法》第46条规定："矿藏、水流、海域属于国家所有。"《矿产资源法》第3条规定："矿产资源属于国家所有，由国务院行使国家对矿产资源的所有权。地表或者地下的矿产资源的国家所有权，不因其所依附的土地的所有权或者使用权的不同而改变。"

② 江平：《中国矿业权法律制度研究》，中国政法大学出版社1991年版，第111页。

资源（包含天然气资源）勘查登记、开采登记和开发利用监督管理三项基本法律制度。

随后，为了加强对油气资源勘查、开采的管理，以《矿产资源法》和国务院相关行政法规为基础，原石油工业部颁行了《石油及天然气勘查开采登记管理暂行办法》，进一步明确了石油勘查登记、滚动勘探开发登记和采矿登记管理制度。1994年国务院为弥补《矿产资源法》条文原则性强而操作性弱的问题，颁布《矿产资源法实施细则》，明确了探矿权、采矿权及特定矿种等相关用语的含义，在附件中用罗列的方式将矿产资源分为能源矿产、金属矿产、非金属矿产及水气矿产，其中天然气属于第一类能源矿产。

随着中国改革开放的不断深入，经济社会快速发展，原有的在计划经济背景下颁布的《矿产资源法》在立法理念和管理方法上已经不能适应矿业经济体制进一步改革的要求，修法势在必行。在这一背景下，1996年新修订的《矿产资源法》由第八届全国人民代表大会常务委员会通过。该法在结构上基本延续了1986年的《矿产资源法》，但增加了三个条文，并对原法的十八个条文进行了修改。相较1986年的《矿产资源法》，新法在矿产资源所有权主体、探矿权与采矿权基本管理制度、地矿行政管理制度、相应的法律责任等方面进行了补强。[①]

这些条文内容的变化，在一定程度上体现了转型期中国矿产资源立法思路从管控思维到市场思维的渐变。为了保证修订后的《矿产资源法》能够被有效贯彻执行，国务院及相关主管部门渐次性地修订并颁行了一系列行政法规和部门规章，其主要有：《矿产资源勘查区块登记管理办法》（1998年）、《矿产资源开采登记管理办法》（1998年）、《探矿权采矿权转让管理办法》（1998年）、《对外

[①] 郗伟明：《矿业权法律规制研究》，法律出版社2012年版，第158页。

合作开采海洋石油资源条例》（2001年）、《对外合作开采陆上石油资源条例》（2007年）、《地质资料管理条例》（2002年）、《海洋石油安全生产规定》（2006年）、《关于加快煤层气（煤矿瓦斯）抽采利用的若干意见》（2006年）、《关于加强煤炭和煤层气资源综合勘查开采管理的通知》（2007年）、《关于进一步规范探矿权管理有关问题的通知》（2009年）、《关于加强页岩气资源勘探开采和监督管理有关工作的通知》（2012年）等。除此以外，中国还颁布了一系列涉及油气勘探开发环境保护的法律、法规、规章和规范性文件（见表4—1和表4—2）。

表4—1　　天然气产业上游领域的宪法、法律、行政法规统计

立法主体	立法时间	立法名称	具体条文
第五届全国人民代表大会	1982年12月4日（分别于1988年、1993年、1999年和2004年四次修正）	《宪法》	第九条　矿藏、水流、森林、山岭、草原、荒地、滩涂等自然资源，都属于国家所有，即全民所有。国家保障自然资源的合理利用。禁止任何组织或者个人用任何手段侵占或者破坏自然资源
第十届全国人民代表大会	2007年3月16日	《物权法》	第一百二十三条　依法取得的探矿权、采矿权受法律保护
国务院	1982年1月30日（2001年9月23日修订）	《对外合作开采海洋石油资源条例》	第六条　中华人民共和国对外合作开采海洋石油资源的业务，由中国海洋石油总公司全面负责。中国海洋石油总公司是具有法人资格的国家公司，享有在对外合作海区内进行石油勘探、开发、生产和销售的专营权 第二十六条第一款："石油"是指蕴藏在地下的、正在采出的和已经采出的原油和天然气

续表

立法主体	立法时间	立法名称	具体条文
第六届全国人民代表大会常务委员会	1986年3月19日（1996年8月26日修订）	《矿产资源法》	第三条 矿产资源属于国家所有，由国务院行使国家对矿产资源的所有权。地表或者地下的矿产资源的国家所有权，不因其所依附的天地的所有权或者使用权的不同而改变 第十六条 开采石油、天然气、放射性矿产等特定矿种的，可以由国务院授权的有关主管部门审批、并颁发采矿许可证
国务院	1993年10月7日（2001年和2007年两次修订）	《对外合作开采陆上石油资源条例》	第七条 中国石油天然气集团公司、中国石油化工集团公司负责对外合作开采陆上石油资源的经营业务；负责与外国企业谈判、签订、执行合作开采陆上石油资源的合同；在国务院批准的对外合作开采陆上石油资源的区域内享有与外国企业合作进行石油勘探、开发、生产的专营权 第二十八条第一款："石油"是指蕴藏在地下的、正在采出的和已经采出的原油和天然气
国务院	1998年2月12日	《矿产资源勘查区块登记管理办法》	第三条 国家对矿产资源勘查实行统一的区块登记管理制度。矿产资源勘查工作区范围以经纬度1'×1'划分的区块为基本单位区块。……天然气矿产为2500个基本单位区块

第四章 天然气产业上游市场化法律规范研究 / 117

续表

立法主体	立法时间	立法名称	具体条文
国务院	1998年2月12日	《矿产资源勘查区块登记管理办法》	第四条 勘查石油、天然气矿产的，经国务院制定的机关审查同意后，由国务院地质矿产主管部门登记，颁发勘查许可证 第六条 ……申请勘查石油、天然气的，还应当提交国务院批准设立石油公司或者同意进行石油、天然气勘查的批准文件以及勘查单位法人资格证明 天然气由国土资源部颁发勘查许可证并进行矿业权管理，实行一级登记管理制度
国务院	1998年2月12日	《矿产资源开采登记管理办法》	第三条 开采石油、天然气矿产的，经国务院指定的机关审查同意后，由国务院地质矿产主管部门登记，颁发采矿许可证 第五条 申请开采石油、天然气的，还应当提交国务院批准设立石油公司或者同意进行石油、天然气开采的批准文件以及采矿企业法人资格证明 天然气由国土资源部颁发采矿权许可证并进行矿业权管理，实行一级登记管理制度

续表

立法主体	立法时间	立法名称	具体条文
国务院	1998年2月12日	《探矿权采矿权转让管理办法》	第五条 转让探矿权,应具备的条件是:自颁发勘查许可证之日起满2年,或者在勘查作业区内发现可供进一步勘查或者开采的矿产资源;完成规定的最低勘查投入;探矿权属无争议等 第六条 转让采矿权,应具备的条件是:矿山企业投入采矿生产满1年;采矿权属无争议;已缴纳采矿权使用费、采矿权价款、矿产资源补偿费和资源税等
国务院	1984年9月18日(1993年和2011年两次修订)	《资源税条例(草案)》后修订为《资源税暂行条例》	第一条 在中华人民共和国领域及管辖海域开采本条例规定的矿产品的单位和个人,为资源税纳税人,应当依照本条例交纳资源税。……天然气税率为销售额的5%—10%

资料来源:全国人大法律法规数据库、北大法宝数据库、新法规速递及有关政府网站。

表4—2 天然气产业上游勘探开发的省级地方性法规、政府规章统计

立法主体	立法时间	立法名称
山东省第八届人民代表大会常务委员会	1994年4月21日通过,2010年9月29日修订	《山东省陆上石油勘探开发环境保护条例》
辽宁省第八届人民代表大会常务委员会	1996年11月30日通过,2011年7月29日修订	《辽宁省石油勘探开发环境保护管理条例》
河北省人民政府	1999年5月27日通过,2011年10月20日修订	《河北省陆上石油勘探开发环境保护管理办法》
陕西省第九届人民代表大会常务委员会	2000年12月2日通过,2007年12月2日修订	《陕西省煤炭石油天然气开发环境保护条例》

续表

立法主体	立法时间	立法名称
黑龙江省第十一届人民代表大会常务委员会	2009年10月23日	《黑龙江省石油天然气田治安保卫条例》
新疆维吾尔自治区第十二届人民代表大会常务委员会	2014年7月25日	《新疆维吾尔自治区煤炭石油天然气开发环境保护条例》
黑龙江省第十届人民代表大会常务委员会	2005年4月8日	《黑龙江省石油天然气勘探开发环境保护条例》
甘肃省第十届人民代表大会常务委员会	2006年1月8日	《甘肃省石油勘探开发生态环境保护条例》

资料来源：全国人大法律法规数据库、北大法宝数据库、新法规速递及有关政府网站。

三 既存法律规范的不足与困境

（一）立法不健全，缺乏完整的法律框架

目前，中国还没有一部独立的、专门调整天然气领域的法律规范，调整天然气领域的基础法律是《矿产资源法》及在此基础上颁布出台的条例、办法等法律文件，从相关法条内容看，主要侧重于从行政角度管理和规范矿产资源的勘查、开采，规范天然气上游产业的勘查登记与开采登记等法规，与其他矿产资源的法规一致，没有体现出天然气资源勘探、开发的特殊性。此外，现有《矿产资源法》更多的是满足于国家对矿产资源开发管理的需要，在制度设置上存在"重管理权利设置而轻视权利保护设计、矿业权权能模糊不清、相关产权制度设计不合理"等诸多问题。[①] 事实上，2007年《物权法》颁行后，探矿权、采矿权已经被明确界定为用益物权，而现行《矿产资源法》没有在矿业权的权利设置上体现出矿业权的

---

① 国土资源部法律评价工程重点实验室编著：《国土资源法律评价报告2013》，中国法制出版社2013年版，第139页。

物权属性。

（二）天然气勘探、开发利用的市场主体相对缺失

鉴于天然气资源重要的战略地位和天然气上游产业所具有的高技术、高风险、高回报的"三高"行业特点，中国对天然气资源矿业权的主体有十分严格的审核要求："天然气是特定矿种，国家对其实行一级发证管理制度，任何从事石油天然气勘查、开采的单位或个人都必须依法登记。"① 这意味着天然气资源的勘探、开发必须由国务院批准的石油公司或必须得到国务院批准同意，这从立法上造成了三大国有石油公司彼此间有限竞争的垄断市场结构。

根据国土资源部数据统计，中国油气资源勘查区块已全部登记在中石油、中石化、中海油和延长油矿名下，中石油、中石化和中海油约占全国油气资源探矿权、采矿权面积的97.4%，在天然气产业上游，中石油大约占据80%的市场份额。这三家大型国有企业在油气勘探开发上游占绝对垄断地位。② 近年来，拥有大量油气资源远景地区的三大石油公司和延长油矿，对油气资源的勘探力度明显不足，不能完成法定的勘查投入，天然气勘探有效投入的不足制约了储量资源的持续增长，威胁到天然气储量基础和国家能源安全。

（三）天然气勘探、开发利用的管理主体错位、缺位、越位并存

目前，中国政府转型仍然滞后于经济转型，政府转型滞后的结果是要么出现制度性缺陷，要么出现政府能力缺陷，制度性缺陷最突出的表现就是政府功能的"错位""缺位"，而不论

---

① 参见《国家计委关于石油天然气勘查开采登记管理有关问题的通知》。
② 刘满平：《能源行业应实行市场准入"负面清单"制度》，《宏观经济管理》2015年第2期。

是制度性缺陷还是政府能力缺陷，都会进一步加剧"政府失灵"。目前，中国天然气行业管理职能分散在国家发展改革委、国土资源部、商务部、国家能源局等部门，这种分散的管理模式使得国家无法制定统一的天然气发展战略，即便政策出台也会出现相互推诿甚至抵触的现象，不利于政策的制定和执行。此外，分散、弱化的管理模式使得国家对石油公司勘探开发中涉及的探明储量、产量生产等重大内容难以及时准确掌握，管理部门对勘查、开采天然气资源的违法行为不作为，越权发证，越权对当地的天然气资源勘查开采作出决定，天然气开采多年来粗放经营，资源浪费严重。

(四) 天然气市场发育不足

天然气资源的勘探、开发、市场运行有其独特的规律。随着中国社会主义市场经济改革的逐步深入以及天然气供需形势的日趋严峻，天然气勘探、开发中存在的体制不顺、投入不足、活力不够等问题充分暴露出来。究其原因，是体制制约，气田无论大小、产量无论高低，都只能由三大石油公司来开发。现行《矿产资源法》在立法上侧重于行政管理，规定国家对天然气实行一级发证管理制度。这种行政授予的方式，不利于矿业权市场的公开、公平和透明；这种行政审批手续，阻碍了市场化水平的提高。

(五) 垄断条件下，上游定价存在弊端

1. 价格形成机制不合理

天然气上游价格即天然气的出厂价格，或者说是天然气的生产厂商出售天然气的价格。根据2005年《国家发改委关于改革天然气出厂价格形成机制及近期适当提高天然气出厂价格的通知》，中国的天然气价格根据用途上的区别分为直供工业用气价格、城市燃气用气价格和化肥生产用气价格。把天然气出厂价格归并为两档价格，天然气出厂价格统一实行政府指导价。出厂价格在天然气勘探、开采、净化[①]等成产成本基础上用成本加成法确定天然气出厂价格，然后天然气生产商和消费者可以在国家允许的10%的浮动范围内共同协商确定天然气出厂价。建立在成本基础上的利润率约束，弊病显而易见，最终导致的结果是从表面管住了利润率但实质上管不住以成本加利润率为基础计算的价格。

2. 落后的价格管制模式阻碍了价格的经济杠杆作用

目前在天然气产业上游使用的成本加成定价方法，政府的初衷是在垄断状况下，限制生产者获取垄断利润，避免损害消费者利益。但这种定价的不合理性也显而易见[②]：首先，生产商的生产成本很难核定，不同的生产商由于市场条件的差别，很难用一个统一的标准去衡量生产商的成本支出是否合理。其次，生产商的"合理"收益标准很难确定。按照经济学原理，在对资源类商品定价时，一定要体现出对勘探开发的鼓励，但在现有的成本加成定价模式下无法确定未来勘探开发的风险和收益。再次，国有石油公司作为天然气上游生产商，一方面垄断的优势地位使其没有竞争压力，另一方面落后的成本加成定价方式，对石油企业自身来讲也缺乏成本约束，企业不愿也不需要采用技术创新等方式降低成本。最后，当生产商成本得不到合理补偿时，意味着天然气价格被低估，气价低有可能造成能源浪费，并且不利于天然气上游的合理投资。

[①] 净化费指的是天然气脱硫、脱脂、脱胫、脱油等净化处理过程中所产生的费用。
[②] 林伯强：《中国能源经济的改革和发展》，科学出版社2013年版，第88—89页。

第三节　突破口：矿业权市场化

一　矿业权市场化的阐释

关于天然气上游勘探、开发环节，究竟应该"政府主导"还是"市场主导"的争论一直存在。主流的学术观点认为，天然气勘探、开发领域应该坚持市场化改革方向，打破垄断，通过准入制度的确定，真正实现有效竞争。[1][2] 但也有学者认为，参照煤炭行业上游开放后的乱象，油气领域开放可能会出现如下乱象：其一，大量民营资本盲目进入，将缩短油田的开采寿命；其二，乱采乱挖必然出现，将对油气资源造成严重破坏；其三，民企社会责任意识相对薄弱，承担风险能力不足。[3] 笔者认为，天然气行业是关系国计民生的特殊市场，需要国家的有效监管，应该重申的是，在可以市场化的领域，尽量不要采取扭曲资源配置的行政措施。关于市场自由度，国际上有财政、金融、政府管制、产权保护、投资、价格等多种衡量标准，其中"市场进出的自由度或市场竞争是否受到限制，是市场化程度或市场自由度的重要测度指标，与市场主体的竞争能力密切相关"[4]。一般来讲，市场主体的经济自由权保障越充分，市场自由度会越高，竞争亦会更充分，资源配置更加有效率，企业的综合竞争能力才会更强。因此，对天然气矿业权进行立法，一定要充分保障市场主体的竞争能力，这是实现企业经济发展权的重要手段。为了提升市场主体的博弈能力以及其他具体能力，国家应尽量促进天然气产业市场的发育，以提升市场自由度，激

---

[1] 陈立：《中国石油天然气行业的结构调整与监管改革》，《国际石油经济》2001年第2期。
[2] 王燕梅：《石油工业管理体制改革与市场机制的建立》，《中国石油企业》2006年第3期。
[3] 王功礼：《国内油气上游市场开放要慎行——煤炭行业矿难频发给我们的警示》，《国际石油经济》2005年第8期。
[4] 张守文：《政府与市场关系的法律调整》，《中国法学》2014年第5期。

发市场活力，进而推进市场化进程。对政府而言，"抓大放小"是一种重要的法律规制途径：一方面，要通过打击大企业的垄断行为，规范国家石油公司的各类行为，实现"抓大"；另一方面，要通过出台涉及财政、税收、竞争等诸多领域的制度，减轻民企负担，促进其有效发展，实现"放小"。只有当把"抓大"与"放小"有效结合，才能营造公平的竞争环境，促进市场经济的健康发展。

从法律调整方式来看，市场化的核心特征在于主体独立，自主竞争，各类要素具有财产性质而在市场上自由流动；民营化的核心特征在于各种主体地位平等。二者的共同指向均在于扬弃独占性公共资源的行政配置方式，代之以更为平等、更为自由、更为自主，尊重合理的私人利益诉求的配置方式。

资源保障能力的有效提升以及国土资源有偿使用制度的进一步改革深化需要矿业权资源的市场化设置。学者张新安研究了市场经济国家探矿权市场发育特点，从政府管理绩效指数（G）和市场运行绩效指数（P）两个方面探索性地建立了反映探矿权市场发育程度的指标，如表4—3和表4—4所示。

表4—3　　　　　　　探矿权政府管理绩效指标（G）

指数构成	指数	评价指标
G1 法律支持度	G11 探矿权保障程度	G111 探矿权的财产权地位是否确立 G112 探矿权人取得采矿权的法律规定和实施程序；矿业权的设置方式 G113 探矿权是否可以被征用，征用的范围和公共利益原则是否清晰，补偿是否公正、程序是否正当 G114 相关权利如土地权、取水权、伐木权、环境保护等对探矿权的影响和挑战

续表

指数构成	指数	评价指标
G1 法律支持度	G12 商业性矿产勘查的准入门槛和准入成本	G121 探矿权的取得方式：早申请者优先原则是否实行；是否实行招标制度，是否有限制条件 G122 探矿权申请人是否有资质限制：资金、技术能力是否是取得探矿权的先决条件；非法人是否可以取得探矿权 G123 矿产勘查过程中的联合风险经营协议和买卖选择权协议的实践 G124 探矿权租金的征收比例，与土地租金的关系，是否仅是名义上的
	G13 矿产勘查退出机制	G131 是否将勘查资本作为风险资本、创业资本来运作 G132 探矿权转让：程序、成本、市场透明度 G133 通过 IPO 方式退出的机制与可行性
G2 服务满足度	G21 基础地质调查	G211 基础地质调查的规模、组织方式、运行机制 G212 国家地质调查机构的定位、性质：是否直接参与矿产勘查 G213 开展地质调查项目前后该地区矿业权申请个数的变化；开展地质调查工作前后该地区私人公司的商业性矿产勘查和勘查支出情况的变化
	G22 地质资料服务	G221 地学产品（各种图鉴、报告）的销售和分发情况，价格，可得性 G222 国家地学信息库和知识库，可得性 G223 客户查询咨询情况 G224 地质资料公开文档系统，可得性 G225 地质调查机构向公众提供信息的程序、标准、指南是否就位

续表

指数构成	指数	评价指标
G3 政策灵敏度	G31 矿业税收制度	G311 矿业税收制度是否考虑矿产勘查的特殊性 G312 矿产勘查支出的税收处理原则 G313 是否实行类似美国的耗竭补贴制度或加拿大的全部通过股票制度
	G32 矿业财政制度	G321 是否对矿产勘查实行财政补贴制度，补贴范围、目标、补助金的运行机制 G322 对矿产勘查所需资金的贷款，是否有专门规定
	G33 矿业资本市场	G331 矿业资本市场与探矿权市场、矿产品市场的融合度 G332 是否有专门的针对矿产勘查公司的上市规定，"门槛"如何 G333 是否有专门针对矿产勘查及其他风险资本的二板市场或"非挂牌证券市场" G334 是否有专门针对矿业活动的政策性银行
G4 市场监管度	G41 行业自律	G411 政府对探矿权市场是管理还是治理 G412 是否有成熟的勘查商业文化 G413 探矿权市场结构模式 G414 探矿权市场运行的标准、规范、指南等是否完善 G415 中介结构及其运作情况
	G42 市场监管的信息化水平	G421 信息披露制度：信息披露范围，披露"失灵"纠正机制 G423 与探矿权管理有关的信息系统建设：主要以服务为目的的与地质调查结果有关的信息服务系统；兼具管理和服务目的的矿业权管理信息系统；主要以监管和调控为目的的矿业权市场监管信息系统

表4—4　　　　　　　　探矿权市场运行绩效指标（P）

指数构成	指数	评价指标
P1 市场繁荣度	P11 勘查投资综合指数	P111 年度政府勘查预算：勘查投资的地区分布、矿种分布、勘查阶段分布 P112 年度企业勘查预算：勘查投资的地区分布、矿种分布、勘查阶段分布（草根勘查、矿场勘查、矿山勘查及可行性研究）、企业结构分布 P113 年度勘查许可证发放情况及其变化 P114 探矿权亩数（勘查许可证所覆盖面积）及其变化
	P12 探矿权交易综合指数	P121 探矿权转让宗数 P122 探矿权转让交易额 P123 矿业企业并购宗数与交易额 P124 勘查企业IPO：宗数，募集资金额 P125 勘查企业并购案例中，所涉及目标矿种的单位吨位价格
	P13 勘查效果综合指数	P131 新增矿产资源、储量、矿产地 P132 勘查投入工作量，重点是钻探进尺、坑探工作量 P133 矿产勘查从业人员：学历结构、年龄结构、工资水平 P134 单位勘查投资的发现率：勘查投资的成本——效益分析 P135 勘查设备（主要是钻机）的利用率、开工率
P2 市场诚信度	P21 探矿权市场信用	P211 探矿权申请诚信：宣誓制度、见证人制度 P212 探矿权人履约诚信：最低勘查投入、汇交地质资料、环保…… P213 探矿权市场交易诚信：探矿权评估 P214 是否有内部约束机制、外部监管机制、利益激励机制和失信约束与惩戒机制 P215 是否有探矿权人诚信评价与发布体系，确定矿业权人的信用等级，明确矿业权人不良行为记录公示制度

续表

指数构成	指数	评价指标
P2 市场诚信度	P22 探矿权管理信用	P221 探矿权审批诚信 P222 与探矿权管理有关的收费管理诚信 P223 探矿权管理执法诚信 P224 探矿权管理上下级诚信 P225 探矿权管理质量标准和时间标准
	P23 探矿权市场信用评价体系	P231 探矿权市场信用标准系统 P232 探矿权市场信用信息系统 P233 探矿权市场信用评价系统 P234 探矿权市场信用信息应用系统 P235 可提前申请人、探矿权人信用档案建设 P236 矿业权评估师和储量评估人的信用档案建设 P237 地质资料汇交义务人的信用评价系统
P3 市场规范度	P31 探矿权管理机构建设	P311 政府矿政管理机构的设置、定位与国家相关管理部门的协调能力和协调机制 P312 政府矿政管理部门管理人员的数量与专业机构
	P32 勘查企业组织	P321 上市勘查公司数量、结构 P322 初级勘查公司数量、结构 P323 大型矿业公司内部的勘查分部
	P33 勘查中介机构	P331 投资银行与证券经纪公司 P332 专业咨询公司，包括地质、法律、财务等专业咨询公司
	P34 行会组织	P341 独立地质学家或称职专家制度 P342 储量估算、探矿权评估等行会组织的行业从业标准、规范
	P35 市场监管	P351 多部门联合监管向独立监管的转变 P352 社会监管、听证制度、公众参与 P353 违法案件总数与处理结果

资料来源：张新安：《市场经济国家探矿权市场发育程度指标研究》，《国土资源情报》2004 年第 5 期。

二 矿业权市场化对天然气产业上游市场化的积极作用

矿业权市场化对天然气产业上游市场化将产生如下积极作用：第一，有利于矿业权人和矿产资源国家所有权人的权利保护；第二，有利于促进矿产自由的有效配置，使矿业权能够分配至最能发挥其最大效用的资源使用者手上，且能够有效提升社会资金进入该领域的积极性，形成更为合理完善的市场；第三，有利于促使矿业权人积极有效地利用矿产资源，提升开发技术，提高矿产资源利用率，避免"圈而不探"的情形发生，使得勘查采集工作良性循环；第四，有利于矿业权相关产业机制的透明化，促进相关机构工作效率的提升并有利于相关部门的廉政建设。

三 矿业权市场化的可行性分析

长时期对油气产业的管控思维，使得天然气矿业权的市场化问题不仅只限于法律层面，还需政策层面的支撑。而自2005年起，对天然气矿业权的计划管控和流转限制，就有所松动，天然气矿业权的市场化进程逐渐迈开了步伐。

（一）国家宏观战略层面的政策引导更加明确，措施更加具体

从政策层面上讲，国务院2005年出台的《关于鼓励支持和引导个体私营等非公有制经济发展的若干意见》（以下简称《非公有制发展意见》）和2010年出台的《关于鼓励和引导民间资本健康发展的若干意见》（以下简称《民间投资意见》）以及《中共中央关于全面深化改革若干重大问题的决定》为天然气矿业权市场化提供了政策层面的支撑。

具体来说，2005年的《非公有制发展意见》，提出了应当进一步推进垄断行业的市场化改革。并根据是否为自然垄断行业，明确了推进市场化的具体方式，就自然垄断行业而言，应"积极推进投

资主体多元化，非公有资本可以参股等方式进入"。就非自然垄断业务的其他业务而论，"非公有资本可以以独资、合资、合作、项目融资等方式进入"①。而具体到采矿权领域，则是赋予了具备资质的非公有制企业对探矿权和采矿权资源的平等获取权，支撑其进行具有商业性质的矿产资源的勘查开发。应当认为，《非公有制发展意见》所涉之采矿权，应包括天然气资源的采矿权。

2010年，《民间投资意见》出台。其更加具体清晰化地指出了天然气勘探开放领域应对民间资本开放，允许民间资本进入天然气勘探和开发领域。其基本方式是与国有石油企业合作，对天然气资源进行勘探和开采。并着重强调了矿业权将逐步实现全面市场化的目标，"鼓励民间资本参与矿产资源勘探开发，坚持矿业权市场全面向民间资本开放"。国土资源部与全国工商联合会于2012年共同出台的《关于进一步鼓励和引导民间资本投资国土资源领域的意见》，是《民间投资意见》的具体化和细则化。文件提出了对民间资本进入国土资源领域的平等性保障，对其进入土地和矿业权市场，应当积极鼓励、支持并采取相应的引导措施。对采矿权在不同投资者之间的自由流转持支持态度，并明确了民间资本在其探矿权范围内的采矿权优先获取权。具体到天然气领域，文件进一步强调了对民间资本进入天然气产业勘探开采的合法权益的保护，鼓励民间资本与国有企业在此领域内的合作共赢，并应逐渐设置这种合作形式的相关规范性文件。② 作为一种回应，国家能源局也及时地颁行了《关于鼓励与引导民间资本进一步扩大能源领域投资的实施意见》，使民间资本能够进入的天然气能源领域明细化，鼓励民间资本以多种形式参与煤层气、页岩气、油岩气等新兴天然气油气资源

---

① 参见《关于鼓励支持和引导个体私营等非公有制经济发展的若干意见》。
② 参见《关于进一步鼓励和引导民间资本投资国土资源领域的意见》。

开放。①

2012年党的十八大召开以后,为了进一步深化改革,2013年党的第十八届三中全会出台了里程碑式的《中共中央关于全面深化改革若干重大问题的决定》(以下简称《决定》),文中有多条涉及天然气产业市场化的问题,从宏观方面看,《决定》第十条提出了要完善市场定价机制,将市场定价机制推进至过去长时间采用政府定价机制的领域,如"水、石油、天然气、电力、交通、电信"等领域,并提出"凡是能由市场形成价格都交给市场"②。而政府的定价权则限定于公益性服务、重要公共事业等领域。第五十三条则将价格改革所牵涉的利益衡量进行了周延性的表述,即应当"全面反应市场供应、资源稀缺程度、生态环境损害成本和修复效益"。事实上,也只有通过定价机制的市场化改革,才能实现上述利益博弈的平衡。具体而言,从供给的角度考虑,某一资源的价格能够有效反应该资源的稀缺程度,并能推动资源的进一步开发以及寻求可替代性资源。而从需求的角度看,市场化的价格可以促进节约资源和进一步提升资源利用率。而具体到天然气资源,目前中国的天然气定价机制采用的是政府定价机制,即成本加成定价,销售价格并不能真正反映天然气资源的稀缺程度以及其他利益衡量,于是导致了天然气供给方供给意愿不强烈,另外,天然气的使用者却并不珍视天然气资源,甚至出现浪费情况。从《决定》的相关内容来看,未来中国天然气价格的定价机制,必将实现从政府定价到市场定价的转型。现有的存量气和增量气的分别定价将逐渐并轨。气价上涨将是未来一段时间内的必然趋势,这将增强常规天然气和非常规天然气勘探开发力度。《决定》对民间资本如何进入天然气产业可竞

---

① 参见《关于鼓励与引导民间资本进一步扩大能源领域投资的实施意见》。
② 参见《中共中央关于全面深化改革若干重大问题的决定》第十条。

争环节也有较为宏观的表述，自然垄断行业（包括天然气产业）在坚持国有资本继续控股经营的基础上，推进政企分开、特许经营等改革。以不同行业自身行业特点为基础，因事制宜地进行网运分开或者放开竞争性业务，逐步破除相关行业的行政垄断，推进其市场化进程。[①] 就相关产业的市场机制建设问题，《决定》要求建立统一的市场准入制度，并以负面清单所列行业为基础，各类市场主体，无论是国有资本还是民间资本，均可平等地进入负面清单以外的领域；应建立统一的市场监管体系，避免对不同主体分别监管，消除有碍于全国统一市场建立和公平竞争秩序营造的制度性障碍，对地方保护、垄断、不正当竞争等问题应坚决打击；应进一步健全市场退出机制，对企业破产制度应进一步完善。[②]

有了上述政策的支撑，中国民间资本逐渐加快了进入天然气产业市场的步伐，并在一些特定的领域渐成规模并形成影响力。在天然气产业上游的勘探、开采等领域，民间资本以参与合作或者是参股的方式，加入天然气勘探开采业务当中。而在新一轮的页岩气采矿权招标过程中，民营企业也被赋予了直接竞标权，许多民营企业参与投标，其中有两家企业最终竞标成功。总体而言，未来天然气市场化改革将蓬勃发展，燃气价格的放松管制，必然会引发天然气价格的上涨，这将有效促进天然气产业的市场化进程。特别是天然气产业上游，将需要大规模的资本投入。而在新兴的非常规天然气如煤层气、页岩气等领域，亟须民间资本进入。天然气产业上游市场化改革的大幕，已然徐徐拉启。

（二）民营油气企业

诚如上文所言，在国家利好政策的扶持下，民间资本加快了进

---

① 参见《中共中央关于全面深化改革若干重大问题的决定》第七条。
② 参见《中共中央关于全面深化改革若干重大问题的决定》第九条。

入天然气产业上游领域的步伐，其业务范围所涉领域，包含了天然气矿产勘探、开发、天然气输送管道建设、城市燃气、LNG 等多个环节。①② 根据 2013 年全国工商联发布的"中国民营企业 500 强名单"数据显示，当年涉及石油与化工的民营企业有 67 家，这些企业通过参股或提供装备和服务的方式与国有石油企业共同完成一些较小油气区块的勘探开发工作。据国家统计局相关数据显示，"截至 2013 年 11 月，从事石油开采的民营企业有 31 家，资产占全国该领域总资产的 0.43%；从事天然气开采的民营企业有 7 家，资产占全国该领域总资产的 5%"③。考察 2014 年"中国石油和化工民营企业百强名单"，会发现"入围企业数量占整个行业非公有制企业数量的 3.8%，资产规模达 7000 亿元，占行业民营企业资产总额的 13.7%。其中 31 家上榜民营企业还进入了 2014 年全国民营制造业 500 强和 2014 年全国化工 500 强"④。值得一提的是，从 2013 年末，中国民营油气开始涉足海外油气上游业务，通过收购、控股、参股等多种方式联合国外大型油气公司及港澳台公司拓展海外业务，业务范围已深入全球资源富集的国家和地区。据统计，"入选 2014 年中国民营 500 强的企业共实现海外收入 1503.98 亿美元，同比增长 21.6%，累计海外投资额 165.19 亿美元，共有 181 家企业开展海外投资 1035 项"⑤。这些企业成为中国油气企业"走出去"的重要力量。

---

① 毕德东、范淑彬:《民营油企艰难破蛹化蝶》,《中国国情国力》2006 年第 9 期。
② 吴彦杰:《国有石油企业与民营企业合作勘探开发石油天然气的战略选择》,《求实》2014 年第 1 期。
③ 刘红、郭勇刚:《民营企业在国内油气行业的发展状况》,《中国石油和化工经济分析》2014 年第 3 期。
④ 刘红、郭勇刚:《2014 年我国民营企业在油气行业发展状况》,《中国石油和化工经济分析》2015 年第 2 期。
⑤ 刘红、郭勇刚:《2014 年我国民营企业在油气行业发展状况》,《中国石油和化工经济分析》2015 年第 2 期。

随着民营资本的迅速壮大,使得其具备了投资天然气产业勘探开发领域的实力。根据国土资源部相关数据显示,截至2013年底,"全国共有油气探矿权1068个,登记面积413.11万平方千米;采矿权675个,登记面积13.54万平方千米。2013年,新立探矿权55个,登记面积16.34万平方千米;新立采矿权11个,登记面积1.28万平方千米"[①]。

(三)相关法律制度的逐渐完善

2007年《物权法》已明确将探矿权、采矿权纳入用益物权的范畴,这为天然气矿业权充分发挥其权能,促进矿业权市场的有序发展提供了法律依据。

第四节 天然气产业上游市场化法律规范设置:以矿业权市场化为核心

"法律是治国之重器,良法是善治之前提。建设中国特色社会主义法治体系,必须坚持立法先行,发挥立法的引领和推动作用,抓住提高立法质量这个关键。"[②] 笔者认为,要保障中国能源安全,进行中国能源革命的关键是增加石油和天然气的有效供给,鼓励社会资本进入油气勘探的上游领域。天然气作为商品,市场在资源配置中发挥决定性作用实属必然。推动能源体制革命,加快国内天然气上游市场化改革是大势所趋、势在必行。国内天然气产业上游市场化,不但能有效改变中国能源结构不合理的状况,确保国家能源安全,而且能够带动相关行业转型和产业升级,促进就业,调整产业结构,还能够拉动内需,形成中国未来新的经济增长极,可谓一

---

① 中华人民共和国国土资源部编:《2014中国矿产资源报告》,地质出版社2014年版,第8页。

② 参见《中共中央关于全面深化改革若干重大问题的决定》。

举多得。

梳理中国天然气产业上游既存法律规范及其现实困境，市场化改革需要的相关规范性文件的缺失和滞后是关键因素。故而，需要我们对天然气产业相关法制建设的历史脉络进行厘清。梳理、撤销、废止与市场经济相矛盾的旧的油气法律法规，是加快国内油气上游市场化的基本要求。汲取历史经验和教训，有利于解决困扰市场化改革的深层次的体制机制问题。

一　主体准入规范设置并附理由

市场准入是政府弥补"市场失灵"和实现政策目标的重要手段之一。[①] 根据中国《矿产资源法》规定，天然气属于特定矿种，这类矿产资源的勘查登记工作，应由国务院授权的相关主管部门审批，并颁发采矿许可证。中国对天然气上游产业实行特许经营，授权中石油、中石化、中海油和延长油矿从事陆上及海上油气资源的勘探开发，特许以外的企业禁止入内，形成了事实上的政策性准入壁垒。这种垄断经营的产业组织模式不可避免地造成了效率损失。为贯彻落实《民间投资意见》以及《中共中央关于全面深化改革若干重大问题的决定》中提出的"坚持矿业权市场全面向民间资本开放，支持民间资本进入油气勘探开发领域"等相关政策，应推进民间资本进入天然气矿业领域。

首先，应加快制度供给，破除天然气产业在勘探开发领域中的政策性壁垒，保障民间资本投资天然气资源勘探开发的法律地位。建议制定《天然气法》，并在该法中明确国家对民间资本投资天然气资源勘探开发领域总体方针、基本原则和配套政策；明确民间资

[①] 孟雁北：《中国〈石油天然气法〉立法的理论研究与制度构建》，法律出版社2015年版，第133页。

本投资天然气资源勘探开发市场准入条件及资质；确保具备资质的市场主体在非歧视原则下获得公开准入权利；对从事天然气资源勘探开发领域的利益平衡问题①作出原则性规定。

其次，破除隐性门槛和歧视性政策，真正给予民间资本"国民待遇"。② 一要清理和废除矿产资源勘探开发领域中的限制性投资政策，消除隐性门槛，淡化所有制色彩，从经济和法律角度设置准入条件；二要转变"将资源配置给国有企业就相对安全"的传统观念，减少资源配置的人为因素，加大矿产资源的市场化配置，给民间资本提供更加公平的竞争环境；三要保持国家政策的连续性，增加民间资本进入天然气资源的勘探开发领域的安全系数。

最后，建立健全天然气资源勘探开发的动态监测平台。借鉴土地动态监测的成熟做法，将天然气资源勘探开发活动纳入监测范围，对矿业权人权利义务行使、矿业权流转、储量变化、环境保护等进行全面监测，引导民间资本真正投入勘查活动，推动天然气资源的合理勘查开发，削弱资本"趋利性"特征和不正常流动带来的负面影响，减少"囤积"和"炒作"空间。

市场经济是法治经济，市场的稳健运行离不开良好的法治环境。在天然气资源的勘探、开发过程中，保障主体的经济自由权或者经济发展权最为重要，应该严格贯彻法定原则，有效限定政府的权力，保障市场主体权利的充分运用。李克强总理曾指出，"对市场主体是'法无禁止即可为'，对政府则是'法无授权不可为'"。③

---

① "利益平衡"主要涉及各级政府和主管部门之间的利益平衡；政府和企业间的利益平衡；政府与矿区所在地之间的利益平衡。

② 国土资源部法律评价工程重点实验室编著：《国土资源法律评价报告 2013》，中国法制出版社 2013 年版，第 235 页。

③ 2014 年 2 月 23 日，李克强总理在国务院第二次廉政工作会议上的讲话。

天然气资源的矿业权出让、转让方式还在探索当中，[①]引导投资主体多元化，鼓励民间资本通过合资合作方式开发非常规油气及难动用储量，支持地方与企业的合资合作，设立风险勘探基金。

二 交易规范设置并附理由

中国《矿产资源法》和《矿产资源勘查区块登记管理办法》等相关法律法规规定，矿业权市场包括"出让"与"转让"。矿业权的"出让"是国家以矿产资源所有者的身份，根据矿业权审批权限和矿产资源规划及矿业权设置方案，以招标、拍卖、挂牌、申请在先、协议等方式依法向探矿权申请人授予探矿权及以招标、拍卖、挂牌、探矿权转采矿权、协议等方式依法向采矿权申请人授予采矿权的行为。矿业权的转让，则是矿业权主体将依法取得的探矿权、采矿权经审批后进行流转。目前，中国矿业权流转中存在授权性规定过多、矿业权的有效期设置不合理、矿业权价格形成机制不完善等诸多问题，建议对现有法律法规进行全面梳理，针对矿业权市场交易的需要，出台符合市场经济运行规律的法律法规，建立一个权责分明、框架清楚的矿业权市场运行法律机制。

首先，要逐步提高天然气资源矿业权市场化水平。为实现资源的资产化管理，要把国家出资探明矿产地的矿业权出让作为矿业权一级市场建设工作的重点，由国土资源部门对国家出资勘探查明的矿产地进行摸底调查和矿业权清理。其次，遵循国际惯例，合理确定矿业权使用期限。最后，建立适合中国物权制度的矿业权流转制

[①] 据中国国土资源报报道，2015年7月7日上午，国土资源部在官方网站发布新疆石油、天然气勘查区块招标公告，标志着以新疆为试点的油气资源上游领域改革拉开序幕。本次公开招标的油气田包括新疆布尔津盆地布尔津地区油气勘查等在内的六个区块，总面积1.49万平方千米，将有计划地分期向社会投放油气勘查招标区块。以"开放市场、平等准入、激发市场活力，加大油气勘探开发的投入，探索开发竞争、有序的市场经济新体制"为目标，被业内人士评价为我国油气勘查开采体制改革的"破冰之旅"。

度。根据中国《物权法》规定，矿业权属于不动产物权，在《天然气法》立法中应遵循《物权法》的这一规定，建立矿业权的统一登记制度，进一步完善矿业权的流转制度，最大限度地发挥矿业权"物"的效用。建立矿业权交易市场，促进矿业权流转，通过差别化财税政策，激励致密气加快发展。坚持政策激励，持续推动页岩气煤层气加快发展。更重要的是加快推进天然气价格机制改革，建立健全天然气价格市场体系，并加强对天然气产业的调控与监管。

为推动天然气矿业权市场的有序发展，促进天然气资源的开发、环境保护，亟须制定《天然气法》，建立有效的矿业权交易制度，进一步优化探矿权和采矿权流转的条件、程序；明确矿业权用益物权登记制度，厘清矿业权审批制度与物权登记制度的关系；明确矿业权抵押、出租、作价入股等规定。要打破传统的"公有、公用、公营"的运行模式，就必须引入矿业权市场竞争和有偿获取矿业权的制度安排。除此以外，还应大力培育和发展社会化的矿业权评估、法律咨询、代理等中介结构，开展相关业务咨询活动。利用现代化信息网络技术，搭建矿业权市场交易信息平台。

第 五 章

天然气产业中游市场化
法律规范研究

第一节 关于"天然气产业中游"和"天然气产业中游市场化"

在进行讨论之前,有必要对天然气产业中游和天然气产业中游市场化进行说明,以使讨论对象更加明晰。

一 关于"天然气产业中游"的说明

天然气产业中游是指天然气管网设施运营企业通过其输气管道(包括长输管网、省内管网)以及相关的设施(包括装卸设施、天然气液化设施和压缩设施、储油和储气设施等),将上游所采集的天然气储存和输送至下游各城市销售门站而形成的产业。它一般包括两个过程,一是储存,由于受气候条件、用户种类和用量等因素影响,天然气的需用量存在极大的不均衡性,为保证供需平衡,需用储气设施来调整供气量并保证输气管道压力平衡,满足用户需要。二是输送过程,其作为天然气产业中游的核心环节,自不待言。本节讨论的天然气产业中游限于具有自然垄断性质的天然气输送管网以及其相关设施所涉及的管道运输及储运问题。为了表述的简略,书中所提及的天然气管输行业如无特殊说明,也包括了储运行业。

二 关于"天然气产业中游市场化"的说明

天然气产业中游市场化,系指天然气中游产业的运营适用市场机制,充分实现市场在资源配置中的基础性作用。当前阶段,由于天然气管输行业自然垄断性的存在以及长期以来国家以国有企业作为这一领域主要建设力量和经营主体,天然气产业中游几乎被"三桶油"和地方国有企业垄断。这显然不利于输气资源的最优配置,也不利于天然气整体产业的市场化进程,因此天然气产业中游市场化势在必行。

第二节 立足点:天然气产业中游市场化既存规范性文件

鉴于长时期的计划经济体制以及对能源行业的管控思维,天然气产业中游市场(管道运输市场)高度垄断性长期存在。迄今为止,70%的内陆油气长距离输送管道由中石油控制,剩下的则由中石化、中海油和部分地方企业把持。[①] 这样一种高度垄断格局,与中国要建立社会主义市场经济体制的社会发展目标是格格不入的。但是,对于转型国家而言,制度改革具有渐进性,而恰好天然气产业中游的市场化改革属于改革过程中极端后进之列。改革开放已逾三十年,天然气产业上、下游的市场化改革已经经历了数十年的探索实践,而天然气产业中游的市场化改革却刚刚起步。

---

① 王静宇:《业内谈石化国企改革:管网分开管运分离是大方向》,http://finance.sina.com.cn/china/20131122/091117404036.shtml,最后访问时间:2015年7月12日。

一 《中共中央关于全面深化改革若干重大问题的决定》：天然气产业中游市场化改革的根本动力

作为新时期中国贯彻落实改革开放政策的纲领性文件，《中共中央关于全面深化改革若干重大问题的决定》（以下简称《决定》）为突破长期以来市场化改革难以进入的行业壁垒（包括天然气产业中游）提供了根本动力。具体到天然气产业中游，《决定》第七条"推动国有企业完善现代企业制度"第二部分明确指出："根据不同行业特点实行网运分开，放开竞争性业务，推进公共资源配置市场化。"而这里所谓的"网运分开"，是指将具有自然垄断性的管网设施与具有市场竞争性的通过管网设施完成的输送服务相分离。在天然气产业领域，指的就是组建专门的管网设施公司管理天然气输送管网，提供输送天然气的服务，但不介入天然气的买卖。而其他相关公司（天然气产业上、下游企业）就购买管网公司提供的输送服务。这样一种思路，可以有效破解长期以来形成的天然气产业的采、输、售的纵向一体化垄断，积极推动相关领域的市场化改革。《决定》第十条"完善主要由市场决定的价格机制"也涉及天然气产业中游，"政府定价范围主要限定在重要公用事业、公益性服务、网络型自然垄断环节，提高透明度，接收社会监督"。而网络型自然垄断环节，在油气行业就是指油气管网。[①] 将油气管网定价权控制于政府手中而并未交予市场，这并不意味着政府不愿将这一领域市场化，事实上，这正体现了市场化之路并不能一蹴而就，而是一个渐进的过程。在管网分离的初期，管道公司对管道的支配仍然是处于高度垄断的形态，若此时完全依赖市场完成对管道输送服务定价，管道公司必然会利用其垄断地位抬高服务价格，这势必会影响整个天然气产业的市场化进程。因此，管网分离初期，管网

---

① 李良：《天然气管网独立：网运分开的新起点》，《中国能源报》2013年12月2日。

市场还处于垄断形态而尚未完全市场化。政府掌握定价权，对天然气产业的市场化有利无害。

总体而言，《决定》指明了天然气产业中游的市场化方向，即实现"网运分开"。但这只是一个方向性文件，如何实现"网运分开"，尚需更为细致化的指南。而《油气管网设施公平开放监管办法（试行）》走出了具体化"网运分开"的第一步。

二 《油气管网设施公平开放监管办法（试行）》：天然气产业中游市场化改革的直接推手

国家能源局于2014年2月13日印发了《油气管网设施公平开放监管办法（试行）》（以下简称《监管办法》），作为能源产业对《中共中央关于全面深化改革若干重大问题的决定》的积极贯彻和回应。尽管这一文件并不能直接实现油气产业的"网运分开"，但可预估的是，该文件的出台将成为油气管网设施实现"网运分开"的前奏。[1]

具体而言，《监管办法》在以下几方面对天然气产业中游市场化改革有积极的推动作用。在一定程度上开放了管网输送服务，打破了原油气管网设施的专属专用，有利于天然气上游产业和中游产业的市场化，迈开了中游产业市场化之路的坚实一步。其核心条款是第三条第二款、第五条、第六条。[2] 第三条第二款界定了什么是油气管网设施开放。第五条和第六条对油气管网设施开放的前提条

---

[1] 李良：《〈油气管网设施公平开放监管办法（试行）〉解读》，《中国能源报》2014年3月24日第14版。

[2] 《油气管网设施公平开放监管办法（试行）》第三条第二款：本办法所指油气管网设施开放是指油气管网设施运营企业之间及其向上、下游用户开放使用其油气管网设施输送、储存、气化、液化和压缩等相关服务；第五条：油气管网设施运营企业在油气管网设施有剩余能力的情况下，应向第三方市场主体平等开放管网设施，提供输送、储存、气化、液化和压缩等服务；第六条：油气管网设施运营企业应在互惠互利、充分利用设施能力并保障现有用户现有服务的前提下，按签订合同的先后次序向新增用户公平、无歧视地开放使用油气管网设施。

件和实施方式作出了一般性规定。第七条至第二十五条,作为辅助性条款,具体化了油气管网设施开放的申请方式①、国家能源局对管网开放的监管职能、服务职能②、油气输送或购销合同主要内容。③ 需要特别注意第十九条的内容,这一要求性条款指明了"网运分开"的近期目标,即是垄断性企业"应当逐步建立健全的财务制度,对油气管网设施运营业务实行独立核算"④。

作为一部过渡意义上的规范性文件,⑤ 其兼具开拓性和保守性、全面性和不成熟性等多重特质。具体而言,有以下特点。

首先,油气输送业务开放在服务提供者和服务对象上的全面性。第三条第一款、第三款、第四款、第五款分别对什么是油气管网设施、油气管网设施运营企业、上游用户和下游用户作出了回答。油气管网设施除管道外,还包括了作为管道设施配套的码头、装卸设施、LNG 接收站、天然气液化设施和压缩设施、储油和储气设施等;⑥ 而只要具有油气设施运营业务,无论是专营还是兼营,均属于油气管网设施运营企业;⑦ 上游用户既包含了生产企业,也包含了销售企业,其中油气生产企业是指原油、成品油(含煤制气等)、天然气(含煤制天然气、煤层气、页岩气等)生产企业;⑧ 下游用户既包括油气销售企业,又包括终端用户。如城市燃气企业、油气零售企业、炼化企业、燃油(燃气)发电厂、石油(天

---

① 参见《油气管网设施公平开放监管办法(试行)》第七条、第九条、第十条、第十一条、第十二条、第二十条。
② 参见《油气管网设施公平开放监管办法(试行)》第十四条、第十五条、第十六条、第十七条、第十八条、第二十条、第二十二条、第二十三条、第二十四条、第二十五条。
③ 参见《油气管网设施公平开放监管办法(试行)》第十四条。
④ 参见《油气管网设施公平开放监管办法(试行)》第十九条。
⑤ 《油气管网设施公平开放监管办法(试行)》的试行性质以及第二十七条所确定的有效期五年,已然说明了该文件的过渡性质。
⑥ 参见《油气管网设施公平开放监管办法(试行)》第三条第一款。
⑦ 参见《油气管网设施公平开放监管办法(试行)》第三条第三款。
⑧ 参见《油气管网设施公平开放监管办法(试行)》第三条第四款。

然气）工业用户、其他石油（天然气）直供用户等。[①] 上述条款几乎囊括了天然气产业所有的相关运营主体和被服务对象，因此，《监管办法》实现了油气输送业务在服务提供者和服务对象上的全面性。

其次，上述对主体的全面性概括，除实现了服务提供者和服务对象的全方位覆盖，同样也实现了行业监管主体的全方位覆盖。作为具有很强自然垄断属性的油气输送产业，对其监管至关重要。《监管办法》实现了监管范围的一步到位，除城镇燃气设施外，各种投资主体的管网设施均接受监管。这既包括以国有资本为主的"三桶油"以及地方国有企业投资建设的管网设施，也包括作为非公有制经济的外资机构、民营经济、混合所有制企业投资建成的管网设施，即只要是"中华人民共和国境内及其所管辖海域油气管网设施"，均须接受国家能源局监管；[②] 另外，监管内容的划定也具有系统性，根据文件，油气管网设施规划、计划的系统落实和重大项目的设施，输送（储存、气化、液化和压缩）能力和效率、价格与成本，进入申请和受理，合同签订与执行，信息公开和保送等[③]事宜均纳入监管范围，实现了行业监管范围的全方位覆盖。

最后，作为过渡性规范性文件，其保守性和不成熟性也十分明显。例如，第五条和第六条的表述带有明显的保守因素，即油气管网设施运营企业只有在管输能力有剩余，保障现有用户现有服务的前提下，方向第三方提供管输服务。这本是对管道拥有者的侧重保护，有利于保障能源安全，但是很显然，此类条款极易被管道拥有企业滥用，以此为借口拒绝向第三方提供天然气管输服务；又如第

[①] 参见《油气管网设施公平开放监管办法（试行）》第三条第五款。
[②] 李良：《〈油气管网设施公平开放监管办法（试行）〉解读》，《中国能源报》2014年3月24日第14版。
[③] 李良：《〈油气管网设施公平开放监管办法（试行）〉解读》，《中国能源报》2014年3月24日第14版。

六条所规定的"按签订合同的先后次序向新增用户公平、无歧视地开放使用油气管网设施",事实上这一表述并不科学,油气输送业务的业务分割基本方式是提供不同时段的管输业务,不同的合同只要在既定的管输能力以内分割不同的服务时段即可,如果在某一时段内有空闲或者有空余输送能力,即可将这一时段的服务出卖;如果没有,则无法出卖。因此合同签订先后与履行义务的时间秩序并无关系,笔者认为,此条表述有"蛇足"之嫌,容易被管输运营企业利用。

总体而言,《监管办法》首次强行开放了专属性极强的油气管输行业,并指明了管输服务独立化的发展方向,其对天然气产业上游和下游领域的市场化都是极其有效的助推剂,也在天然气产业中游市场化进程中迈开了坚实的一步。

第三节 着力点:天然气产业中游的"网运分开"

尽管中国天然气产业中游的市场化进程尚处于初期的油气管网设施逐步开放阶段。但未雨绸缪,我们仍需看到"网运分开"是天然气产业中游市场化的核心依托和根本抓手,同时也是天然气产业链市场进程中必不可少的因素。而且,"网运分开"更能提升管道的运营和管理水平,提高运送效率,提升输气管道网络安全保障能力。

一 "网运分开"的必要性

首先,当前阶段,天然气管输过程实施的是"网运合一"的经营模式。在这种模式下,管网的所有者,既是天然气产业上游的生产者,也是天然气产业下游的销售者。其所拥有的天然气输送管网,只为自己生产的天然气提供输送服务,而完全不对他人生产的天然气开放,这是一种具有高度垄断性的生产经营模式。很多时候,垄断企业并未将管输环节认为是一个独立的生产领域,而只认为其是一个附属于生产过程的环节。也即,在"网运合一"模式下,管输过程并不是一个独立的生产过程,更勿论其以一个独立的产业的形态存在。而在"网运分开"模式下,管输过程的独立性骤然显现。上游生产企业负责采集天然气,中游管输企业负责运送天然气,下游分销企业负责销售天然气。输送环节从生产环节中独立出来,成为一个独立的产业。也只有成为一个独立的产业后,方能谈产业的市场化改革。所谓市场化改革,就是要最终实现市场在资源配置中起根本性作用。"网运分离"前,管输过程价格完全由垄断企业自己拟定,与市场运行无关;"网运分离"后,上游的天然气生产者和下游的天然气销售者会和中游的管输企业进行自由协商,根据市场行情确定管输服务的价格,实现管输资源的充分利用,这就是天然气中游的市场化改革。

其次,天然气产业上、下游的市场化进程,离不开中游的"网运分开"。中国的天然气产业改革,上、下游市场的改革进程领先于中游市场的改革进程。在天然气产业上游领域,此轮页岩气探矿权招投标以及以前的相关改革措施,使华电集团、华能集团、国家开发投资公司、神华集团、重庆能源集团、铜仁市能源投资有限公司等企业成为油气产业的新成员。[①] 但这些新成员普遍担心这样一个问题,在当前阶段的"网运合一"的管输运营模式下,上述成员均没有自己独立的油气输送管道,那么它们开采出来的天然气通过何种渠道输送。这一问题如果不能妥善解决,天然气产业上游的市

---

① 李良:《〈油气管网设施公平开放监管办法(试行)〉解读》,《中国能源报》2014年3月24日第14版。

场化将沦为空谈。"网运分离"能够有效破解上述难题，从原有的生产企业中独立出来的管输公司只对市场主体提供平等无差的管输服务，管输服务的对象与曾经的隶属性无关，而只与市场有关，各生产企业与管输公司根据市场行情议价。[①] 在这样一种模式下，上游生产主体只需与管输企业谈判管输服务即可，而不受曾经的管道专属性羁绊。而就天然气产业下游市场化而言，在"网运合一"模式下。作为天然气产业下游主体的分销商，只能从如"三桶油"等有限的主体手中购买天然气，从而不能形成下游市场在气源获取上的有效竞争。气源获取上不能形成有效竞争必然会直接影响分销商销售价格的竞争性，也会影响潜在的市场主体进入该领域的积极性，最终影响到天然气产业下游的市场化进程。而"网运分开"后，众多上游生产企业采集的天然气可以较容易地进入下游市场，形成下游市场气源获取上的有效竞争，从而实现分销商价格的有效竞争。天然气产业下游会变得更加有利可图，吸引更多的投资者参与其中，进一步推动该领域的市场化进程。由是，天然气产业上、下游的市场化进程，离不开中游的"网运分开"。

最后，"网运分开"能够提升对管道的管理能力，提升运输效率，提高管道网络安全保障水平。2013年11月22日，中国石化黄岛原油管道爆炸，此次事故造成了55人死亡和数十人受伤。[②] 震耳的爆炸声提醒人们，生产输送销售的一体化经营模式存在严重的安全隐忧，作为单一主体的中石化，重视生产和销售，忽略管输安全是一种常态性的存在，这必然导致管道管理疏漏的出现。

[①] 在"管网分离"初期，天然气管输市场发育不健全，并且由于管输企业的自然垄断性存在，政府将会对天然气输送价格进行监管，防止管输企业基于其垄断地位伤害其他市场主体的利益。

[②] 李良：《天然气管网独立：网运分开的新起点》，《中国能源报》2013年12月2日。

而"网运分开"后,分工更加精细化,对工作的专注程度以及相关的专业技能将会得到较大幅度的提升,这也就是我们通常所说的专业化分工提升劳动生产率。"网运分开"所提升的天然气产业中游市场的劳动生产率,既包含管道的运输效率,也包含了管道网络的安全保障水平。

上述因素决定了中国天然气产业中游市场化需依托于"网运分开"实现。

二 "网运分开"的可行性

在对"网运分开"必要性问题有明晰认识的基础上,我们有必要进一步讨论当前阶段中国实行"网运分开"的可行性。所谓可行性,即是现阶段中国是否具有"网运分开"的物质基础、是否具有相关的制度配套、是否具有完成从"网运合一"到"网运分开"的技术路径。经过近二十年的时间,中国的天然气输送管网建设已成体系;更多的生产领域将对民间资本放开,这其中就包含了天然气管网建设领域;而发达国家天然气产业中游发展进路通常也是从"网运合一"渐进至"网运分开"。

首先,现阶段,中国的天然气输气管网建设已成体系。这是"网运分开"得以实现的物质基础。如果天然气管网尚处于大规模的建设阶段,则"网"尚不存在,更勿论"网运合一"或是"网运分开"。中国的天然气管网建设,以"西气东输"工程上马为一个重要的时间节点。在此工程建成之前,中国根本没有成规模的天然气长输管道,西气东输一期管道于2013年12月30日建成,并立即投入使用,向长三角地区供应天然气。这个具有划时代意义的事件,标志着中国具有了第一条真正意义上的长输天然气管道。[①]

---

① 李良:《天然气管网独立:网运分开的新起点》,《中国能源报》2013年12月2日。

之后，随着"西气东输""川气东送""陕气京送"等管输管道工程的建成投产以及各级地方政府投资建成各省区内的输气管网，中国天然气管道输送管网已经基本建成。"网"已成形，我们有了讨论"管网合一"还是"管网分开"的物质基础。

其次，上述管道的建设，投资体量大、建设时间长、资产回报率低，需要国家大量的公益性投入方能建设完成。而作为一项大规模的基础设施建设，其营利性弱，其对民间资本而言，几乎没有什么吸引力。此外，在那个时间段，中国对市场化改革的认识尚不充分，对能源领域的认识尚囿于管控思维，行政垄断和国家控制正大行其道。故而，上述大规模的基础性管网建设时期，"网运分开"既无实践层面的具体行为推动，也无决策层面的意向思维支持，"网运分开"自不可行。事实上，"网运分开"的核心内涵是将网输过程从生产和销售环节中独立出来，形成一个独立的产业，吸引民间资本进入该领域，形成多元市场主体竞争的局面，最终实现网输能力的最优配置。当前阶段，大规模的基础性管网设施建设已初具规模，"网运分开"已经具有赖以实现的物质基础，同时"网运分开"的运营模式也使得这一领域变得有利可图，我们可以从两方面来考察，一是既存的天然气管网。天然气管网的独立经营，其日常的运营成本主要是管道的维护和保持费用，相关人工成本等，而这对于其输送业务获取的服务费，并不是一个较大的支出，于是既存天然气管网的独立运营变得有利可图，自然会吸引各类资本包括民间资本争相进入，由此形成主体多元的格局，从而实现这一领域的有效竞争。二是新建的天然气管网。在"网运分开"模式下，天然气管网的建设和运营并不需要投资企业有上游的采气能力和下游的销售能力与其配套，投资者只需要关注这一管网建设区间是否有足够的气源需要输送即可，在只需要作单一考量的情形下，投资进行管网建设就会容易许多，而这对民间投资者而言，无疑是重大利好。进一步论，决策层思维方面，诚如前文所言，决策层在能源领域中的管控思维已经逐渐弱化，取而代之的是对这一领域的市场化思维，而这也是"网运分开"的根本动力。故而，当前"网运分开"既有实践层面的现实可能性，也有决策层面的根本推动力，其可行性，自不容否定。

最后，发达国家天然气中游产业发展进路为我们提供了实现"网运分开"的可参照路径。当前阶段，最为成熟的天然气中游产业的经营体制是以美国为代表的北美模式。该体制实现了独立监管、独立运营和公开准入，[①] 是最为完整独立的"网运分开"。美国为实现上述经营模式，采取了两步走的战略。20世纪80年代之前，绝大部分的管道由垄断上下游经营的生产商或者是对天然气销售、输送进行捆绑式经营的垄断者掌控。第一步，则是以《联邦能源监管机构（FERC）436号令》为据，对州际管道的经营和运输职能进行拆分，并允许具有资质的第三方企业进入天然气产业运输领域。第二步是通过1992年的《636号令》，进一步要求拥有天然气输送管网的企业将其天然气输送业务和销售业务完全分离，而承担输送业务的管道公司为所有的天然气贸易商和用户提供无差别的运输和储存服务。管道公司仅开展输送业务，而不拥有管道内的天然气。欧盟国家众多，各国的天然气管网输送管理模式因历史缘由而各有不同，但是，其运营模式总体上正在向独立运营和公开准入过渡。[②] 在天然气市场不断开放的进程中，欧盟认识到最关键的环节是管网独立和第三方准入。[③] 2007年

[①] 赵学明、王轶君、徐博：《国外天然气管道管理体制演进及对我国的启示》，《中国能源》2014年第5期。

[②] 赵学明、王轶君、徐博：《国外天然气管道管理体制演进及对我国的启示》，《中国能源》2014年第5期。

[③] 汪红、姜学峰、何春蕾、武川红：《欧美天然气管理体制与运营模式及其对我国的启示》，《国际石油经济》2011年第6期。

9月，欧盟委员会就提出了立法建议，要强行将大型能源企业的输送业务从生产业务中剥离出来，将垄断上下游进行一体经营的大型能源企业分拆为若干家独立的，分别从事能源生产和能源输送的单个企业。此外，就管输服务而言，平等地开放给第三方，只要第三方的条件符合，均可无歧视地使用天然气管输服务。2009年4月，欧盟议会通过了欧盟能源行业改革方案。包括天然气企业在内的大型能源企业应通过以下几种方式进行拆分：一是进行所有权拆分，要求垄断企业出售输送管网，这是一种最彻底的分离方式；二是将输送管网独立并将其外包给独立企业，实现其独立经营；三是垄断企业自己建立一个独立的网络输送管理公司。尽管欧盟各国因历史缘由和本国利益考量尚未完全根据这一方案对本国能源企业进行改组，但是，"网运分开"这一基本模式，却是必然的发展方向。综上所述，"网运分开"是未来天然气产业中游发展的必然方向。而就现实的可参照路径来看，美国模式为我们提供了一个直接的参照标准。即第一步先将管网输送服务向第三方无歧视地开放，第二步则是将管输业务从生产业务和销售业务中独立出来，实现完全的"网运分开"。而当前，中国正处于实施第一步的阶段。

三 "网运分开"制度建设的应酌因素

"网运分开"是天然气中游产业市场化的成熟形态，而实现"网运分开"需要有恰当的制度予以推动。尽管有欧美发达国家的发展路径可供中国参照，但毕竟中国的社会发展轨迹迥异于西方国家，而中国的经济体制也与西方国家大相径庭。故而，"网运分开"的制度建设之于中国而言，仍属于摸着石头过河，需要谨小慎微地"边走边看"。而在制度建构的过程中，要充分考虑以下因素，方能保障制度建设的适用性和科学性，所设置的制度才能具有执行力和可操作性。

(一) 天然气产业中游当前发展现状

从物质决定论出发，生产力决定生产关系、经济基础决定上层建筑。"网运分开"的规范性制度建设属于生产关系和上层建筑范畴，而只有在对其存在的基础，属于生产力和经济基础范畴的天然气产业中游发展现状有科学认识的基础上，我们才能合理建构"网运分开"的规范性制度。

当前阶段，虽然中国的天然气长输管道已基本建成，但是仍有部分的长输管道还在建设当中，还有部分尚未开建。而就区域性的天然气输送管道而论，尚有很大的市场建设缺口，需要较大规模的资金投入。当前中国天然气管输管道的经营管理模式，还属于高度垄断形态，几乎所有的天然气管输管道，或者是由"三桶油"所有，或者由各省区的地方性天然气企业所有。管输业务作为上游采集和下游销售的附庸而存在。尽管管网输送作为一项单独的业务计算成本和收益，但垄断性经营的存在，使得这种单独计算形同虚设。[1] 如今，随着天然气上游产业的采矿权领域对更多的市场主体开放，[2] 下游销售领域通过特许经营权发放也更多地让民营主体参与。市场对中游管输业务的独立化、市场化呼声越来越高。特别是天然气产业上游采气领域，新进的市场主体因为没有自己的输送管道而担心天然气输送问题，这必然会打击到投资者的信心。而这种局面，也会造成下游销售领域燃气供给仍由"三桶油"把持的垄断局面。

---

[1] 现实当中，管道输送企业和销售一体化，一体化管输、销售企业经常将部分销售收益转向管输环节，从而减少了应缴纳的税费，因为销售环节的增值税率为13%，而管输环节征收率为3%。由此可见，在垄断经营的情况下，虽然是分别计算成本，但这种分别计算并无多大意义。

[2] 特别是在2013年完成的第二轮页岩气探矿权招投标之后，更多的经营主体进入了曾经被"三桶油"完全垄断的天然气产业上游的采矿领域。

上述天然气中游产业发展困境，在《监管办法》颁行后有一定缓解，根据该文件第五条，天然气管输设施运营企业在输送能力有剩余时对第三方市场主体的无歧视开放，提供输送、储存、气化、液化和压缩等服务。这在一定程度上消解了上游新加入主体对采出天然气无法输送的担心。但总的来讲，天然气产业中游高度垄断性和依附性的局面并未有较大程度的改变。此即为我们建构"网运分开"制度规范的现实背景。

(二) "网运分开"制度建设的渐进性

制度建设是一个循序渐进的过程，"网运分开"制度建构也不例外。天然气中游产业市场化也是一个逐步形成逐步完善的过程。就发达国家在天然气中游产业市场化进程中的制度设置经验来看，通常实行两步走方略。第一步，将天然气管道的网输业务向有资格的第三方无歧视开放，第二步，逐渐将网输业务从采集业务和销售业务中剥离出来，形成一个独立的产业链构成部分。这种制度建构两步走方略，对当下中国的"管网分开"制度建设有很大的参照意义。这是因为，一方面，当前中国天然气中游产业发展背景与相关国家在天然气中游产业市场化初期的发展情况相若。因此，存在制度设置参照的基本要素。另一方面，是更为本质的，长期以来的天然气产业发展模式惯性、对能源安全的保障以及中国社会未来发展方略决定了天然气中游产业市场化制度设置应采用稳健的"两步走"方略。具体来说，长期以来，中国天然气产业发展主要依托于几个大型的国有企业，这几个国有企业集中国家力量已然建立起来了完整的油气采销产业体系，而这个体系的建立，仅用了短短三十余年的时间。而美国的天然气产业链发展到相似规模，却用了近一年的时间，美国天然气管道从 1860 年开始到现在，经历了 100 多年的发展过程，在 1860—1940 年，与我们当前的管道现状是差不多的。① 由此可见,这样一种产业发展模式有其独到的优越性。当前,中国的天然气产业(包括作为中游产业的天然气管输业)发展仍有部分领域公益性强而营利性弱,需要借助国有企业这一强力推手方能完成,而国有企业的强力与否又与其垄断性息息相关。此外,国有大型企业是中国"一路一带"倡议的重要依托力量,过分地去垄断性,如将管网设施进行所有权拆分,会削弱本国公司的竞争实力。② 而且,更多的小型公司介入会损害到本国的能源安全,一体化公司可以更好地消化额外储气成本,③ 更能保障国家能源安全。因此,天然气产业中游去垄断性应当循序渐进,相应地,其市场化同样应当因时而行。"网运分开"的制度建设不能也不可一蹴而就,而应渐进地为之。

(三) 存量管网和增量管网的分别立法

中国天然气管网的建设运营现状,决定了中国必须对存量管网和增量管网实行不同的规范规制。一方面,中国既存的天然气管输网络已有一定规模;另一方面,在总的体量上,天然气管输网络缺口还很大,尚需要大规模的建设。笔者认为,在这样的现实背景下,我们应当对存量天然气管网和增量天然气管网分别立法予以规制。具体而言,对存量天然气管网,应渐进地实现"网运分开",理由是去垄断性循序渐进,"网运分开"则按部就班。步骤即是首先天然气网输服务向第三方无歧视开放,再逐步将"网输服务"独立出来。

应着重说明对增量天然气管网的立法规制。笔者认为,对增量

---

① 杨睿:《以网运分开为突破口深化天然气改革》,http://finance.sina.com.cn/roll/20140317/025718523161.shtml,最后访问时间:2015 年 7 月 16 日。
② 汪红、姜学峰、何春蕾、武川红:《欧美天然气管理体制与运营模式及其对我国的启示》,《国际石油经济》2011 年第 6 期。
③ 汪红、姜学峰、何春蕾、武川红:《欧美天然气管理体制与运营模式及其对我国的启示》,《国际石油经济》2011 年第 6 期。

天然气管网，应确定其独立的产业链地位，即是专门提供输气服务的天然气产业中游，既不隶属于上游采气产业，也不隶属于下游销售产业。任何投资者所建设的输送管网，其目的都是向第三方提供无差别的管输燃气服务，而自身并不拥有管道中的天然气，即实现"网运分开"的一步到位。这样定位的优势在于，第一，可以避免天然气管网的重复建设。之前以及近来的天然气管网建设，由于各公司拥有各自的输气管道而相互并不对彼此开放，故而任一气源都要有自己公司的专门轨道输送，这就不可避免地出现在较接近的地域内有隶属于不同公司的多条天然气输送管道，而事实上，如果是提供开放式的管输服务，一条输气管道足矣。由此，一步到位的"网运分开"，可以避免天然气管输管道的重复建设。第二，就整个天然气产业中游市场化进程而言，通过增量管网的完全"网运分开"，可以较快地培育中游产业成熟的市场主体，而通过这一部分新兴市场主体的带动和竞争作用，容易实现中游产业市场的"鲶鱼效应"，促进天然气中游产业市场的快速健康发展。进一步论，要切实合理地实现"网运分开"，有两个方面需要侧重考量，一是天然气管网建设规划必须合理，这是避免重复建设的前提。二是增量上要完全放开，要拿出有吸引力的，不能只拿出不挣钱的区块给民企开发。[1] 否则，天然气中游产业市场主体不能积极培育，市场化进程必然会受到不良影响。

（四）合理确立价格监管机制

无论是作为市场化进程第一步的向第三方无歧视地开放网输服务，还是作为第二步的完全意义上的"网运分开"。由于管输管道的资源稀缺性和规模经济效益、范围经济效益，天然气管输业务的

---

[1] 杨睿：《以网运分开为突破口深化天然气改革》，http://finance.sina.com.cn/roll/20140317/025718523161.shtml，最后访问时间：2015年7月16日。

自然垄断属性并未改变，由此形成了管输服务运营商在管输服务价格上的绝对话语权。此时，政府对管输服务价格的监管就变得至关重要，特别是在天然气产业市场未形成有效竞争之前。①

　　政府对管输服务价格的监管，主要是通过形成合理的管输服务价格形成机制。鉴于输气管道自然垄断性的存在，管输服务的价格形成除依赖于市场外，还需要一定的非市场手段。这方面，欧盟的经验可资借鉴。即按照成本加合理利润的方式确定管输费用，国家机关在其间所起到的作用是，设定一个最大许可收益比率，通常是在6%—8%。法国管道运输的最大许可收益率（税前）为7.25%，英国为6.5%。② 最大许可收益率，顾名思义，是政府允许管输服务公司获得的收益与管输服务公司的输气成本之间形成的比例。管输服务公司的输气成本由正在使用的设备净值③加上营运成本④并减去累计递延所得税而形成。而合理利润，即是成本与利润率（最大许可收益率以下的某一比率）的乘积。成本加上合理利润即形成了管输服务的价格。这样的价格形成机制，考虑到了价格形成的市场性要求，即成本的形成方式，同时也通过最大许可收益率的确定，将价格管制因素内嵌于内。是较为科学的天然气中游产业价格形成机制，中国的相关制度设置应该以此制度为参照。

---

① 在天然气产业市场形成有效的竞争后，作为天然气产业下游的销售业务存在多元的气源选择，从而促进中游管输行业的有效竞争。此时，政府对中游管输服务的价格管制已不必要。美国当前的天然气产业市场即是完全竞争市场。

② 汪红、姜学峰、何春蕾、武川红：《欧美天然气管理体制与运营模式及其对我国的启示》，《国际石油经济》2011年第6期。

③ 正在使用的设备净值等于正在使用的管道设施总资产加上在建工程减去累计的折旧、折耗和摊销形成。

④ 如预付款、存货等。

第四节 天然气产业中游市场化规范性文件设置：以"网运分开"制度的建构为中心

首先，是规范性文件设置的形式问题，即通过什么形式的文件颁行关于天然气产业中游市场化的规范，这是规范设置的前提和基础。基于前述，专门针对天然气产业中游市场化的规范性文件，或者是关于国家发展方向的宏观性政策，或者是效力层级低的部门决定（《监管办法》甚至连部门规章都算不上）。宏观性政策因为欠缺具体行为规则指引，而操作性、适用性较弱。效力层级低的规范性文件，虽然具有具体的行为细则，但是又存在执行力较弱的困境。因此，当前天然气产业中游市场化规范性文件的设置形式并不妥实，未来的相关规范性文件应以具体化政策导向为指引，并以适当位阶的规范形式颁行，以提升规范执行力。以《监管办法》为例，其主要讨论国家能源局对油气管网监管的相关职权等重大事宜，[①] 如果能由更高一级的行政机关，例如国家发展改革委、国务院办公厅甚至是国务院发布，将会有效提高规范性文件的效力层级，其执行力将得到增强，而更有利于改革的推动。这即是规范性文件效力层级差异所产生的不同影响力。作为国家发展和改革委员会直属机构的国家能源局所发文件，其效力所及领域非常有限，而不能对全国范围内广泛的天然气产业市场主体产生普遍影响。具体来说，一方面，尽管中国推动进行经济体制改革已逾三十年。但是计划经济残余思想至今仍存在，其中就包含"官本位"思想、"级

---

① 李良：《油气管网设施公平开放监管办法（试行）解读》，《中国能源报》2014年3月24日第14版。

别"观念。而从级别上讲，国家能源局只是一个副部级单位，而"三桶油"同样也是副部级单位，甚至其有些主要领导干部，已经是正部级。而在"官本位""级别"思想之下，"三桶油"对《监管办法》的执行力度可想而知。另一方面，《监管办法》作为部门的规范性文件，其效力级别低于部门规章、行政法规，同样也低于地方性规章和地方性法规。在盛行地方保护主义的能源领域，地方人大或者政府完全可以通过制定相关法规和规章，以抵制《监管办法》的施行，而这种行为并不违法。[①] 基于上述，笔者认为，在拟定和颁行天然气产业中游市场化规范性文件的时候，一个前置性和基础性问题就是应依托何种规范形式发布。提高发文级别可能有助于有效执行。[②] 因此，相关规范性文件的颁行，至少应以部门规章的形式进行，而尽可能地采用行政法规的形式。

其次，在讨论了规范性文件形式的基础上。我们应具体化天然气中游产业市场化规范设置。应区别既存管网规范和新设管网规范进行设置。

就既存管网规范，分两步走的制度演进模式已经确定。当前阶段，应着力于《监管办法》的总结、修正及效力提升。《监管办法》对既存天然气管网对第三方开放管输业务作出了相对细致的规定，但仍有诸多需要完善之处。其一，油气管网设施开放具有前置性要件，即"油气管网设施有剩余能力的情况下"并"保障现有用户"，[③] 而且，对上下游用户接入申请是否同意，有直接的否决权。[④] 这样的规定，诚然是对天然气管网运输现状的妥协，也有利

[①] 事实上，这也是当前中国规范性文件施行过程中时常出现的一种不正常现象。也是"上有政策、下有对策"的怪圈得以存在的重要依托手段。

[②] 李良：《〈油气管网设施公平开放监管办法（试行）〉解读》，《中国能源报》2014年3月24日第14版。

[③] 参见《油气管网设施公平开放监管办法（试行）》第五条、第六条。

[④] 参见《油气管网设施公平开放监管办法（试行）》第十条、第十一条。

于保障国家能源安全。但是，该规定造成了作为管网所有者的网输服务企业（通常也是天然气上下游生产经营单位）的强势地位，其完全可以"无输送剩余能力"和"要保障现有用户供应"为由，随意拒绝上下游用户的接入申请，而使得《监管办法》成为一纸空文。笔者认为，必须在尊重社会事实的基础上解决该问题，方为妥帖。即上述条文的存在有其现实合理性，不应被废止。但鉴于其被滥用的可能性较大，相关职能部门应加强对管输企业管输能力的监控。笔者认为，当前《监管办法》第二十条所确立的管输企业的业务信息公示制度，对提出申请企业的披露义务以及第二十一条所确定的管输企业每半年向国家能源局及其相关机构的信息报送义务，并不足以实现监管机构对输送企业管输能力的全面监控。我们应当建立动态的输送服务交易平台，实现输送能力的及时更新以及输气服务的无歧视开放。将各输送企业在某一期限内（如一季度或者半年内）的剩余管输能力公布在输送服务交易平台，便于上下游企业及时查询，结合自己产能或者用气需要与管输企业谈判输气事宜。监管部门对剩余管输能力的真实性予以实时监控，以防止管输企业通过滥用相关条款以排挤潜在竞争对手。其二，《监管办法》中并未具体化处罚措施，这可能造成实际操作过程中的威慑力不足，而使监管效果大打折扣。根据文件第二十四条和第二十五条，国家能源局及其派出机构可以进行现场检查并且对相关市场主体违反本办法行为可责令整改并通报批评，如果相关企业造成了重大损失和严重社会影响，国家能源局和派出机构有对相关责任人的处理建议权。[①] 笔者认为，上述措施缺乏强制性，将直接影响《监管办法》的执行力，而造成上述问题的因素包括两个方面，一是规范性文件位阶的问题，二是规范性文件设置的技术问题。因此，我们首先要

---

① 参见《油气管网设施公平开放监管办法（试行）》第二十四条、第二十五条。

提升关涉《监管办法》相关内容的规范性文件的位阶，至少应以部门规章的形式出台相关文件。另外，必须规定监管过程中的强制性规范，以确保监管的有效性。否则，文件的执行效果将大打折扣。在执行《监管办法》的过程中，要避免产生新的垄断。当前管网改革过程中，成立新的规格较高的油气管网设施国家管理公司，如果在创建此类公司的过程中不注意区域性分割而保持一种竞争局面，很可能造成新一轮的垄断，天然气中游产业的市场化将成镜花水月，无法实现。

最后，增量管网的规范设置。增量管网规范设置并不受历史因素羁绊，由是，对其规范可实现直接的"网运分开"。因此，应对增量管网单独立法。按照主体进入市场的不同阶段，可以将应当设置的规范细分为主体准入规范、市场交易规范和主体退出规范。就主体准入规范而论，笔者认为，应实现完全的市场化，即各类经营主体，无论是国有、私有或者混合制资本均能平等地进入增量管网的建设和运营市场。监管部门给出能够进入该行业的准入标准，一个根本性条件是，天然气上下游产业运营企业不能进入增量管网的建设和运营领域。[①] 进入该领域的市场主体只能专营增量管网的建设和运营业务，而不能再进入上下游产业领域。相关职能机构根据国家管网建设规划将管网的建设和运营通过招投标方式向社会征集最优的施工和运营单位，《招标投标法》能够提供具体的行为规则。

就市场交易规范而论，在实现"网运分开"的初期，管输服务的市场竞争并不充分，而由于管输服务的强大自然垄断性，完全将服务的定价交付给市场，极有可能形成垄断价格，而损害上下游产业企业的利益。因此，监管机构必须制定一套可以控制的价格形成

---

① 需要特别说明的是，在初始阶段并不能也无法禁止天然气产业垄断性企业如"三桶油"等的关联企业进入天然气中游产业中的增量管网建设和运营，但需要对这些关联性企业的业务进行限定，即只能进行天然气中游产业的管输业务，而不能经营天然气产业上、下游的其他业务。

机制，以防止中游产业垄断性形成而影响市场化进程。诚如前文所言，欧盟国家管输服务价格形成机制可资借鉴。即是管输服务价格由成本加合理利润构成，合理利润由最大许可收益率控制，利润只能等于或低于成本与最大许可收益率的乘积。成本不能由运营企业单方面提出，而应由监管机构提出成本构成的基本要素，由运营企业根据成本构成的基本要素形成输送成本，该成本形成后，应当接受上下游用户的质询，运营企业应当解答并说明情况。在此基础上，引入第三方评估机制，由中立第三方对运营成本进行合理性评价，方形成有效的运营成本。最大许可收益率则由监管机构根据彼时的资金利息、社会投资情况、燃气供给情况等来确定。此外，同样应当注意增量管网在运营过程中各种指标的公开性问题，特别是输送能力的公示，以使"管网分开"能在阳光下进行。其他的安全监管、燃气质量监管、计量器具监管等问题可与存量管网的规范相同。

就主体退出规范而论，天然气产业中游市场的经营主体退出机制可基本参照《公司法》《企业破产法》等规范性文件。但鉴于天然气管输服务以及相关的管输设备涉及公共利益甚至国家安全，因此应建立具有一定管制色彩的财产权抵押制度、经营困难时期的接管制度以及特殊的破产财产拍卖机制。具体而言，管输管道是管输服务企业最重要的资产，其作为管输企业最重要的融资依托自不待言。特别是在大量的民营资本进入管输服务行业时，对企业融资能力的保障显得尤为重要。[1] 但是，鉴于天然气管输服务的公共利益性和不可间断性，以及管输服务对运营主体的技术以及其他相关专业能力的要求，在管输管道作为抵押财产而被强制执行时，对管输

---

[1] 事实上，从能源安全角度说，以"三桶油"为代表的天然气产业垄断性经营有其优势。至少，因资不抵债而造成企业无法运营的情况几乎不会发生。但是，这一领域一旦向民营资本开放，民营企业对资本流动性要求会更高，这就决定了其对资产可融资性的充分关注。如果其投资领域所形成的资产可融资性弱，势必会对其参与积极性产生负面影响。

管道的受让人应有资格限制，即必须是具有管输服务运营资质的企业方能成为管输管道的受让人。承接前言，鉴于天然气管输服务的公共利益性和不可间断性，应当建立在管输企业无法正常经营时的介入机制，以确保管输服务的正常进行。在管输管道被实现抵押权期间、企业资不抵债陷入破产困境期间均应被认为是管输企业无法正常经营时段，应由相关机构介入维持管输管道的正常运营，由此产生的费用，应当在抵押权实现之后或破产财产实现之后优先偿付；而在管输企业破产时，能够接受其管道资产的只能是具有管输服务资质的企业，一般性企业不能通过获取管输管道的所有权而获得管输企业运营资格。

第六章

天然气产业下游市场化法律规范研究

第一节 关于"天然气产业下游"和"天然气产业下游市场化"

有了对天然气产业上中游市场化法律规范讨论的基础，下面将对天然气产业链的终端，即天然气产业下游市场化法律规范进行讨论。作为讨论的前提和基础，有必要释明本书在何种意义上使用"天然气产业下游"和"天然气产业下游市场化"。

一 关于"天然气产业下游"的说明

天然气产业下游，即对天然气进行最终消费而形成的产业，从形态上讲系指地方分销网络通过小直径低压管线向终端消费用户供应天然气。本章所指天然气产业下游如无特殊说明即是指天然气消费市场的分销商向终端用户销售燃气所形成的产业。

二 关于"天然气产业下游市场化"的说明

长期以来，天然气产业下游经营主要由国有企业把持，而把民营资本排除在外，形成了一定程度的垄断。这与中国社会发展目标不符，同时也不利于天然气资源的最优配置。因此，在天然气产业下游领域，亟须吸引更多投资主体特别是民营主体进入，以实现充分的竞争。由是，所谓"天然气产业下游市场化"即是指在天然气产业下游这一长期保持国家垄断性的领域，逐步向其他各种类型的资本开放，形成这一领域的有效竞争，最终实现以市场机制调节天然气的消费行为。

第二节 立足点：天然气产业下游既存规范性文件

天然气产业下游市场化法律规范的进一步完善，需立足于天然气下游既存规范性文件。[①] 改革开放前，中国天然气的生产规模和消费领域范围非常有限。[②] 中国城市管道燃气行业真正得到快速发展是在1979年实施改革开放政策以后。[③] 因此，对天然气产业下游既存规范性文件的考察，我们将范围限缩为1978年改革开放政策施行以后，以使考察更加有的放矢。需要说明的是，专门针对天然气产业下游的规范性文件并不多见。对其规制，散见于对煤气、燃气或者公共事业等相关的规范性文件当中。因此，对天然气下游产业既存规范性文件的考察，我们需要从上述材料着手。

---

① 长期以来，对天然气产业下游的规制并未上升至法律层面，而多以国家各部委下发的通知、部门规章等形式出现。尽管其效力层级较低，但对天然气产业的规制却源于此，是制度改革的对象和标的。

② 许月潮：《中国天然气产业政府规制改革研究》，硕士学位论文，中国地质大学，2006年。

③ 仇保兴、王俊豪：《中国城市公用事业特许经营与政府监管研究》，中国建筑工业出版社2014年版，第99页。

一　垄断专营时期的天然气产业下游规范性文件概览：1978—2002 年

改革开放以来，中国管道燃气行业的发展经历了利用工矿余气发展城市燃气的节能项目工厂、利用国内外液化石油气的气源和大力发展城市利用天然气工程三个阶段。[①] 2002 年西气东输工程开建后，天然气才逐渐成为城市管道燃气业的主要组成部分。而在此前的很长一段时间里，中国的城市燃气则由人工煤气、液化石油气、天然气等多种气源构成，而彼时的规范性文件，其所针对的对象即是煤气、城市燃气等。对天然气下游产业的规制，即内含于上述文件当中。因此，要梳理其规范性文件，应求之于上述规范性文件。其中，最具代表性的规范性文件是 1985 年城乡建设环境保护部的《关于加快发展城市煤气事业的报告》和 1992 年建设部印发的《城市燃气当前产业政策实施办法》。

（一）带有浓郁计划经济气息的《关于加快发展城市煤气事业的报告》

1985 年，原城乡建设环境保护部向国务院提交了《关于加快发展城市煤气事业的报告》，后经国务院原则同意并转发，要求各地结合本地实际情况认真贯彻执行。该报告概括了当时城市煤气事业的发展状况。尽管较之前有了较大的发展，但尚不能适应国民经济发展和人民生活的需要。因此，应加快城市煤气事业的发展，并提出了"七五"期间城市煤气发展规划目标以及应侧重解决的几个问题。这几个问题涉及能源结构安排和区域发展安排、煤气企业的经营管理体制、煤气建设资金来源、煤气技术改造和升级以及相关专业人才的培养、各相关部门和政府在煤气事业建设中应起到的作

[①] 仇保兴、王俊豪：《中国城市公用事业特许经营与政府监管研究》，中国建筑工业出版社 2014 年版，第 99 页。

用等方面。

具体而言，第一，在能源结构安排上，贯彻的是多气源、多途径、因地制宜的发展方针。在煤气事业区域发展安排上，则体现出对大型城市和窗口城市优先发展的侧重。上述能源结构安排和区域发展安排，是由当时的煤气资源短缺、相关基础设施严重不足的客观情况决定的，在当时的条件下（我国尚未发现大规模的天然气资源），充分利用各种资源解决工业、民用煤气资源短缺问题迫在眉睫，而鉴于资源的短缺性，因此只能优先确保大型城市和窗口城市的煤气供应。第二，在煤气企业经营管理体制上，由于处于计划经济向社会主义市场经济转型的初始阶段，对煤气行业的认识还停留于福利事业，而长期忽略了其作为一个产业（第三产业）的基本特性。于是，报告提出要改革煤气企业的经营管理体制，摒弃福利事业的思维，要追求企业的经济效益，这需要从两方面着手，一是进行独立核算、自负盈亏，推行内部承包责任制，打破"大锅饭"思维。二是利用价值规律来科学确定煤气价格，调动兴办煤气事业的积极性。第三，煤气建设的资金来源问题。彼时，中国城市煤气事业刚刚处于起步阶段，需要大量的基础设施建设资金投入。但在长期计划经济思维的惯性作用下，仍然是政府和关联企业的投入，以及受益单位集资，甚至是组织群众参加义务劳动等思路。第四，煤气技术改造和升级以及相关专业人才的培养问题。处于起步阶段的城市煤气行业存在技术落后、相关专业人才匮乏等现实困境，亟须进行技术革新和相关专业人才的培养。技术革新可依赖于技术攻关等手段，又或者是积极引进国外先进技术。技术人才的培养则依赖于各专业院校扩大招生名额和创新培养方式。第五，政府和各相关部门在煤气建设事业中应起到的作用，同样受长期计划经济惯性思维的影响，报告中政府和各相关部门在城市煤气建设中仍应承担主要责任，各省（自治区、直辖市）人民政府，应对煤气的建设和供应进行统一规划、建设和管理。

总体来说，该报告比较准确地把握了当时城市煤气行业发展的诸多现实问题，并提出了切实可行的解决办法。使得中国的城市煤气事业短期内得到了长足的发展。至1990年底，城市用气人口较1983年增长了两倍，城市人口用气率增加一倍。为了进一步促进燃气事业的发展，原建设部适时出台了《城市燃气当前产业政策实施办法》。

(二) 内容精细并更具操作性的《城市燃气当前产业政策实施办法》

1992年出台的《城市燃气当前产业政策实施办法》(以下简称《办法》)，其计划经济的烙印较《关于加快发展城市煤气事业的报告》并未有明显减弱，但是其细化了城市燃气产业发展的举措，这些举措更加具体并更具有可操作性。

举措更加具体和更具操作性，是建立在对城市燃气更为科学认识的基础上的。《办法》明确了城市燃气的概念，即城市燃气是指供城市工业和居民生活所用的燃料气。城市燃气由气源、输配和应用三部分组成，燃气包括以煤或重油为原料制取的人工煤气、液化石油气、天然气和矿井瓦斯等。[1]《办法》中的诸多内容即是根据三个组成部分以及不同的燃气类型进行分门别类的规范。《办法》由基本原则、发展序列、保障政策、实施措施以及作为附件的城市燃气发展序列五部分构成。基本原则指明了城市燃气发展应秉承的方针、发展目标、发展的宏观路径和微观指引、相应的政策扶持方向、城市燃气事业的管理机构和发展城市燃气事业的主要依托力量等内容。发展序列则是彼时国家产业政策在城市燃气行业中的具体化。《办法》根据燃气产业构成的分类，分别从燃气气源建设、城

---

[1] 参见原建设部1992年颁行的《城市燃气当前产业政策实施办法》。

市输配管网及其配套设施建设、燃气用具的应用等方面，具体化了相关产业的发展方向以及发展办法。保障政策则侧重于明晰政府在燃气产业发展中的角色安排和功能定位，城市燃气的建设和发展，属于城市经济发展计划中的必备内容。城市燃气所需原料，应纳入地方分配计划，不足部分应由国务院相关部委统一调配。发展城市燃气事业的资金来源，仍以国家和地方政府统筹安排为主。燃气价格仍严格受制于政府制定的收费标准，当发生政策性亏损时，政府应予以补贴。燃气产业职工特殊的福利保障以及燃气企业设备的折旧以及更新等问题。国家在完善相关产业法规建设中应有的作为以及国务院归口管理部门和相关部门在燃气建设事业中应完成的工作。实施措施则是将各级政府和各相关部门在推动城市燃气事业发展过程中应完成的工作具体落实。包括各级城市燃气发展计划制订单位的分工、燃气建设是城市诸多建设工程项目竣工验收的必要条件、政府对燃气事业发展予以政策倾斜的主要方式、城市燃气价格形成的具体办法、城市燃气用具制造生产许可证制度实施的具体方案以及城市燃气事业专业人员培养的具体办法。作为附件的"城市燃气发展序列"是第二部分"发展序列"的具体化，其分别从重点支持和控制、禁止两个方面对"城市燃气发展""基本建设""技术改造"三方面内容进行了细致性地规定，以使相关机关和部门能够更明晰城市燃气事业发展的主要着力点，更能有的放矢地展开工作。

上述两部规范性文件，颁行于中国市场经济体制改革摸索初期，在那个时间段，计划经济惯性思维仍有很强的影响力，故而其具有浓厚的管控思维残余。从规范所调整对象来看，其主要针对的是各级政府、相关部门、国有燃气企业及相关高校等在促进城市燃气事业发展过程中所产生的各类关系；从规范所体现出的促进城市燃气事业发展的基本思路来看，仍然是将政府和国有企业作为城市燃气事业发展的基本依托,体现在政府计划在城市燃气事业建设中的基础性地位[①]、政府财政在建设过程中的资金支持[②]以及国有燃气企业在该项事业发展中的定位[③];而从规范的具体内容来看,则主要是政府在该项事业建设过程中应该从事的工作以及怎样开展这项工作的具体指南。

故而,上述时期,天然气下游产业尚处于欠缺市场化思维阶段,政府和国有企业垄断着相关领域的建设工作以及产品供给工作,属于天然气下游产业的垄断专营时期。事实上,作为天然气下游产业初创时期的 20 世纪 80—90 年代,基础设施建设投入大,而民间资本规模尚小。采用政府投资建设和国有专营体制,在当时历史条件下对于中国城市燃气行业的发展起到了不可否认的推动作用,使得城市燃气行业发展初期的供需矛盾得到一定程度的缓解,为城市经济与社会发展奠定了物质基础。[④] 也为未来天然气下游产业的市场化改革奠定了物质基础。

二　天然气产业下游市场化初期规范性文件的嬗变:2003—2015 年

天然气下游产业是公用事业的重要组成部分,而中国公用事业的市场化改革正是以特许经营制度为基本着力点。因此,对天然气产业下游市场化规范性文件的考察,实际就是考察公用事业和特许经营制度的相关规范性文件。

[①] 参见《关于加快发展城市煤气事业的报告》第八部分和《城市燃气当前产业政策实施办法》基本原则第三点、保障政策第一点和第二点。

[②] 参见《关于加快发展城市煤气事业的报告》第五部分和《城市燃气当前产业政策实施办法》保障政策第三点。

[③] 参见《城市燃气当前产业政策实施办法》基本原则第六点。

[④] 仇保兴、王俊豪:《中国城市公用事业特许经营与政府监管研究》,中国建筑工业出版社 2014 年版,第 100 页。

以 2003 年作为天然气产业下游市场化转型的关键时间节点是有原因的。事实上，在 2002 年，建设部即颁行了《关于加快市政公用行业市场化进程的意见》（以下简称《意见》），但《意见》所规范的对象仍然是政府各相关部门[①]，其目的是想告知各相关部门应加快市政公用行业市场化进程及如何加快市政公用行业市场化进程。它并未为相关行业市场化提供一个行为规范。因此，此文件的颁发，不应认为是市政公用行业从垄断经营向市场化转型的开始，但可以认为是这种转型开始的导火索。2003 年 3 月，深圳市颁行了《深圳市公用事业特许经营办法》，作为国内首部规范公用事业监管的系统性法规，其在诸多领域均具有首创性，例如，规定了特许经营权的授权主体、授权方式、相关程序、公众参与等问题，明确了特许经营企业的权利和义务，规范了政府的监督和管理行为，丰富了价格监管和普遍服务等内容。[②] 尽管它只是一个地方性法规，但却标志着中国进入了以法律规范形式确立、维系、推动公用事业市场化（包含天然气产业下游市场化）的全新阶段。在它的影响下，原建设部于 2004 年 3 月颁行了《市政公用事业特许经营管理办法》，由此拉开了全国范围内的公用事业市场化改革的大幕。

（一）《市政公用事业特许经营管理办法》：开启天然气下游产业市场化改革大幕

之所以认为《市政公用事业特许经营管理办法》（以下简称《办法》）开启了市政公用事业（包括天然气下游产业）市场化改革的大幕，是因为它开始通过规范形式塑造市政公用事业的市场体系和市场运行机制。其所规范的对象不再是政府各相关部门，而是

[①] 《关于加快市政公用行业市场化进程的意见》的抬头表述仍然是："各省、自治区建设厅，直辖市建委及有关部门，计划单列市建委及有关部门，新疆生产建设兵团。"

[②] 仇保兴、王俊豪：《中国城市公用事业特许经营与政府监管研究》，中国建筑工业出版社 2014 年版，第 271 页。

更为广泛的市政公用事业各相关主体；其所规范的行为不再是行政行为，而拓展至更为广阔的市场行为。

　　从内容上看，《办法》首先开宗明义地阐释了什么是市政公用事业特许经营以及特许经营所能涵盖的项目。[1] 城市供气（天然气下游产业是其主要构成部分）属于实施特许经营的行业。其次，对公用事业特许经营市场主体的准入机制进行了详细的建构。相关事业的经营主体不再是由国家和政府组建，而是通过市场竞争机制即招投标方式产生经营主体。任务经营主体，不分国有和私有，只需要符合《办法》所规定的特许经营权竞标者应当具备的条件[2]，均可以参与投标。主管部门须按法定程序在所有投标者中择优选取公用事业的特许经营者。[3] 再次，具体化了市政公用事业特许经营的运行机制，明晰了特许经营协议应当包含的内容[4]、主管部门在特许经营合同中应当履行的责任[5]、特许经营经营主体的法定责任[6]、特许经营期限的确定方式及最长期限[7]、特许经营企业在特定情况下的获得补偿权[8]、特许经营协议变更程序[9]、特许经营权人变更登记程序[10]以及特许经营期限届满后重新选择特许经营者的程序。[11] 然后，初步设置了特许经营主体的市场退出机制。包括特许经营主体在协议有效期内单方解除协议申请程序[12]，列举了主管部门终止

---

[1] 参见《市政公用事业特许经营管理办法》第三条。
[2] 参见《市政公用事业特许经营管理办法》第七条。
[3] 参见《市政公用事业特许经营管理办法》第八条。
[4] 参见《市政公用事业特许经营管理办法》第九条。
[5] 参见《市政公用事业特许经营管理办法》第十条。
[6] 参见《市政公用事业特许经营管理办法》第十一条。
[7] 参见《市政公用事业特许经营管理办法》第十二条。
[8] 参见《市政公用事业特许经营管理办法》第十三条。
[9] 参见《市政公用事业特许经营管理办法》第十四条。
[10] 参见《市政公用事业特许经营管理办法》第十五条。
[11] 参见《市政公用事业特许经营管理办法》第十六条。
[12] 参见《市政公用事业特许经营管理办法》第十七条。

特许经营权协议并实行临时接管的几种情况。① 最后，还对特许经营协议的备案、项目运行评估、价格审定和监管等管理行为进行了规定。

总体而言，作为中国首部规范公用事业特许经营的规范性文件，它初步搭建了公用事业市场化改革的平台，对相关市场主体的准入和退出机制、市场运行机制进行了大致勾勒，大力推动了公用事业从地方垄断到市场竞争的转型。

具体到天然气下游产业市场化改革，根据该《办法》，投资者和经营者的选任是通过政府公开招标的方式完成，具有公开性和公平性。在此基础上，授予投资者和经营者在一定时间以及区域内对天然气产品进行经营的权力。通过市场机制选择公用事业的投资者或经营者，使得燃气行业的跨区域整合成为可能，管道燃气分销领域的竞争格局逐渐由地方垄断转向跨区域的市场竞争。② 《办法》极大地推动了城市公用事业的市场化改革，但该《办法》本身只是一个探索性文件，是一个试验品。随着公用事业市场化改革的进一步推进，该《办法》所固有的缺失被逐步放大。2015年，一部新的关于公用事业特许经营的规范性文件出台了，即《基础设施和公用事业特许经营管理办法》。我们有必要对新的规范性文件进行解读，以把握其较之前《规定》的不同和进步，以及可能存在的缺失。

（二）《基础设施和公用事业特许经营管理办法》：天然气下游产业市场化改革的推手

2015年4月25日，国家发展和改革委员会等六部委联合颁行了《基础设施和公用事业特许经营管理办法》（以下简称《基础办

---

① 参见《市政公用事业特许经营管理办法》第十八条。
② 仇保兴、王俊豪：《中国城市公用事业特许经营与政府监管研究》，中国建筑工业出版社2014年版，第101页。

法》),《基础办法》于2015年6月1日施行。此部全新的关于公用事业特许经营的规范性文件有以下特点。

第一，从规范性文件的效力来看，《基础设施和公用事业特许经营管理办法》属于部门规章，较之前的《市政公用事业特许经营管理办法》《城市燃气当前产业政策实施办法》《关于加快发展城市煤气事业的报告》等规范性文件的效力层级要高。效力层级的提高，一方面昭示着国家和政府对此类社会关系调整的重视程度加强；另一方面则有利于行为主体对自己行为后果进行更为准确有效的预测以及裁判主体更为有效率地裁判案件。

第二，从整体属性看，《基础设施和公用事业特许经营管理办法》有更为明晰的市场化规范气息。《基础办法》的立法目的，放在首位的是鼓励和引导社会资本参与，同时，甚至把保护特许经营者的合法权益放在保障社会公共利益和公共安全之前。[①] 这是之前的规范性文件从未有过的。进行对特许经营者利益保护侧重的立法目的设置，说明国家和政府推动公用事业市场化的决心，彰显了国家和政府在对自身角色定位转化的思路。进一步推动公用事业的市场化，需要的就是建立一个完善的公用事业特许经营市场运行机制，政府应尽量减弱其"运动员"的角色，而只需要担任好"裁判员"。同时，也要吸引更多"运动员"参与竞赛。而就《基础办法》的立法框架来看，其的确是想搭建一个公用事业特许经营市场化的规范机制。

第三，从立法内容上来看。《基础办法》对特许经营制度的监管性内容存在弱化趋势而更侧重的是相关市场运行机制的建构。从宏观上看，《基础办法》动态地规制了从特许经营协议订立、履行

---

① 陈新松：《〈基础设施和公用事业特许经营管理办法〉重点条文解读——以能源企业为视角》，《城市管理与科技》2015年第17期。

到变更、终止整个市场运行过程,基本建立了特许经营制度市场准入机制和市场交易规范,部分完成了市场退出机制的设置;从微观上说,《基础办法》结合旧有立法经验和现实实践经验,对一些市场化细节问题进行了详细化处理,例如:对特许经营权的取得方式进行了类型化处理①、对特许经营期限的设定进行了更具体的设置②、对特许经营权人的融资方式进行了方向性指引③、对政府给予的财政补贴等内容进行了细化④、详细设置了特许经营协议的必要条款⑤、对特许经营协议的变更和终止作出了详细规定⑥,并具体化了政府的监管职能和公共利益保障职能。⑦

总体而言,《基础设施和公用事业特许经营管理办法》更侧重于公用事业特许经营事业市场化运行机制的搭建,并弱化和限制了政府在特许经营过程中的监管职能。对进一步吸引民间资本进入基础设施和公用事业建设有积极意义,能够推动相关产业(包括天然气产业下游)的市场化进程。但是,该规范在特许经营权准入领域的程序设置、特许经营权人退出机制架构、纠纷解决机制等方面存在缺陷,需进一步改进。当然,从最终的立法目标来看,未来我们将对特许经营权规制的规范提升至法律层级,即制定《特许经营权法》,因此《基础设施和公用事业特许经营管理办法》仍然是过渡性和试验性的规范性文件。在未来的运行过程中所暴露出的问题,将在未来的立法中予以总结并纠正。

---

① 参见《基础设施和公用事业特许经营管理办法》第五条。
② 参见《基础设施和公用事业特许经营管理办法》第六条。
③ 参见《基础设施和公用事业特许经营管理办法》第十七条、第二十三条、第二十四条。
④ 参见《基础设施和公用事业特许经营管理办法》第二十一条、第三十五条。
⑤ 参见《基础设施和公用事业特许经营管理办法》第十八条。
⑥ 参见《基础设施和公用事业特许经营管理办法》第四章。
⑦ 参见《基础设施和公用事业特许经营管理办法》第五章。

第三节 着力点:天然气产业下游的特许经营

市场的培育是一个漫长的探索过程,天然气产业下游市场化也不能一蹴而就。从上述相关规范性文件的变迁路径观察,就能体会出市场化进程的艰辛。基础设施和公用事业的特许经营,是未来相关产业市场化的基本着力点和重要推手,天然气产业下游作为公用事业重要组成部分,其进一步的市场化改革,自然也需要依赖于特许经营制度的完善。

一 天然气产业下游市场化与特许经营制度

本章的论题是"天然气产业下游市场化法律规范研究",因此,讨论的起点应该是天然气产业下游与市场化相关的法律规范,由是,我们对"公用事业特许经营制度"相关规范性文件进行了详细的考察。但是,我们尚未从理论上分析天然气产业下游市场化和特许经营制度的关系,下面我们将完成这项工作,这是我们进行更深入讨论的基础。

从概念之间的关系来看,天然气产业下游属于公用事业范畴。所谓公用事业,概括地说是指为公众或不特定的多数人提供某种服务或者是某种产品。总体而论,公用事业在中国涵盖了如下范围:城市公交、城市排水、园林绿化、环境卫生、污水和垃圾处理、城市水电气供应等市政公用事业,以及道路与桥梁等基础设施、电信、供电、邮政、铁路、公路、水路和民航运输等行业。[①]

公用事业具有公共利益性、民生必需性、不同程度的公共产品

[①] 史际春、肖竹:《公用事业民营化及相关法律问题研究》,《北京大学学报》(哲学社会科学版)2004年第4期。

属性和一定程度的自然垄断性。从外延上看，天然气下游产业基本业务即是供气，自然应当被列入公用事业。但有必要从内涵层面揭示天然气下游产业与公共事业的共同点。天然气产业下游是地方分销网络通过小直径低压管线向终端消费用户供应天然气，终端消费用户包括需要生活用气的居民和需要生产用气的企业，其公共利益性和民生必需性自不待言；进一步论，天然气下游产业同样具有公共产品属性，所谓公共产品属性，系指产品或服务在消费或使用上的非竞争性和受益上的非排他性。[①] 作为天然气下游产业基本业务的供气业务，某一部分人对其进行消费并收益，并不影响其他人对其消费并收益，具有消费和使用上的非竞争性。某一部分人对其消费和使用又不能将其他一些人排斥在消费过程之外，因此，其具有消费和使用上的非排他性。就自然垄断性而言，天然气产业下游由于存在技术性壁垒、法律壁垒以及天然气输配管道的单一性而体现出一定程度的自然垄断性。[②] 显然，从内涵层面看，天然气下游产业具有公用事业所具有的本质属性，而其外延范围又真包含于公用事业，故而天然气下游产业属于公用事业范畴。

在上述结论的基础上，可以认为天然气产业下游市场化，其实质即是公用事业市场化。公用事业市场化即是公用事业民营化。广义而言，"民营化可界定为更多依靠民间机构，更少依赖政府来满足公众需求"[③]。其实质是在原有国有资本才能享有经营特权的领域，通过引入市场竞争主体，构造公用事业市场，通过市场的力量来有效提升其运营效率、造福消费者的过程。[④] 美国学者萨瓦斯将

---

① 参见"公共产品"的百度百科介绍。
② 杨凤玲：《天然气产业中下游领域的自然垄断性》，《天然气产业》2005年第11期。
③ E. S. Savas, *Privatization: The Key to Better Government*, Chatham House Publishers, Chatham, NJ, 1987.
④ 史际春、肖竹：《公用事业民营化及相关法律问题研究》，《北京大学学报》（哲学社会科学版）2004年第4期。

公共事业民营化的方式分为三类：委托授权、政府撤资和政府淡出，每一类又包含几种具体的方式。① 政府撤资包含出售和破产清算两种形式，出售即是把国有资产全部或者部分转让予私营企业或者个人，形成公私合作经营或者私人经营的局面；如果没有任何个人或私营企业愿意接收，也可以采用破产清算的方式终止经营并出售剩余资产。政府淡出包括三种形式：民间补缺、放松规制和政府撤退。民间补缺是指在政府产品和服务无法满足公众需求时，民间资本自发性地提供这种供给。放松规制是指放宽某一领域的准入条件，使外资和民间资本得以进入公用事业领域，弥补国有资本在此领域的投资能力不足。② 政府撤退是指政府有意识地限制某一领域国有企业的增长规模或缩小其规模让民间资本进入的方式。显然，天然气产业下游市场化并不能采用上述方式。具体而论，在天然气产业下游领域，其公共利益性和民生必须性，使得其在市场化过程中，政府都应保有相应的控制权。而无论是政府撤资还是政府淡出，其本质上均是政府在这一领域全身而退，将该领域完全留给市场，而不保留对这一领域的控制权，这样的市场化形式，并不适用于承担公共利益保障和供给的领域，而天然气产业下游正是属于这样的领域。最后还有一种市场化形式，即委托授权，委托授权又被称为部分民营化，即国家依然对公用事业有绝对的控制权，只不过把公共产品生产和服务通过委托的形式交给民营部门。③ 委托授权主要包括合同承包和特许经营两种形式，合同承包是政府向生产者

---

① ［美］E. S. 萨瓦斯：《民营化与公私部门的伙伴关系》，周志忍等译，中国人民大学出版社 2002 年版，第 128 页。
② 史际春、肖竹：《公用事业民营化及相关法律问题研究》，《北京大学学报》（哲学社会科学版）2004 年第 4 期。
③ 《公用事业民营化》，2011 年 3 月 23 日，百度文库，http：//wenku.baidu.com/link？url＝ZzIPOzebXpgK_L_8DRiJKik63IClK6Xz_EGtRsKylN3AhxburrcJIfhboKPefBi-uKCLtDs6QfbodYGm6DS-xlH4Wat91OEDYHwl-YG_eJuK。

(私人部门)付费,由私人部门提供某种服务,由政府按项目经营的支出情况为其提供资金补助,保证企业有足够的运营能力和一定的盈利。① 该种形式,通常适用于园林绿化等消费完全不具有排他性而不能建立合理收费机制的公用事业。而特许经营是消费者向生产者付费。即政府在行政许可法律框架内授予私人部门以排他性的经营特许权,政府不需要向生产者支付费用,而是私营机构通过向消费者收费来获得成本的补偿。② 以这种方式来实现市场化的公用事业,通常具有两大特征:其一,提供的产品是可收费物品,消费者消费的公共产品的量具有可统计性;其二,特许经营还需要有较为客观的预期收益,③ 以能够吸引私营部门参与特许经营。天然气下游产业所提供的产品数量具有可统计性,并且其作为收费项目,有较为客观的预期收益,能够有效地吸引私营资本参与其中。故而,基于上述正反面的双向考察,天然气下游产业市场化之路应依托于特许经营制度实现。

二 天然气产业下游市场化的瓶颈

市场化是否充分,其基本考量标准是民间资本在该市场的活跃程度。就政府的本意而言,是希望更多的民间资本参与天然气产业下游的建设和运营,但当前却有诸多因素影响民间资本参与天然气产业下游,阻碍了天然气产业下游市场化的进程,此即为天然气产业下游市场化的瓶颈。

首先,从宏观方面考察,推动天然气产业下游市场化的法律规

---

① 史际春、肖竹:《公用事业民营化及相关法律问题研究》,《北京大学学报》(哲学社会科学版) 2004 年第 4 期。

② 《公用事业民营化》,2011 年 3 月 23 日,百度文库,http://wenku.baidu.com/link?url=ZzIPOzebXpgK_L_8DRiJKik63IClK6Xz_EGtRsKylN3AhxburrcJIfhboKPefBi-uKCLtDs6QfbodYGm6DS-xlH4Wat91OEDYHwl-YG_eJuK。

③ 周义程:《公用事业竞争性招投标型特许经营的困境及其排解》,《探索》2012 年第 4 期。

范效力位阶不足,这是潜在的市场参与者关注的一个问题。作为市场行为准则,规范效力不高,则该规范很可能受上位法律规范影响而丧失效力。行为人依照规范行事的不确定性增大,而造成其不能对自己的行为后果有准确的预期。在这种情况下,潜在的市场参与者参与市场当中是具有较大风险的,通常它们会踌躇不前,特别是利润并不丰厚的时候。更甚者,作为公用事业的天然气下游产业,事关社会之"公共利益"。地方政府掌握着"公共利益"这把尚方宝剑,如果没有强力的规范性文件约束,地方政府滥用权力伤害市场主体的行为极有可能发生。事实上,当初深圳市出台《深圳市公用事业特许经营办法》[1],正是为了打消潜在的市场参与者对市场行为预期不明晰的疑虑。彼时,诸多的国际知名企业得知深圳市仅有的政府文件规定管道燃气统一经营、没有一部特许经营的监督管理办法后,许多跨国企业退出国际招标招募。[2] 深圳市为了打消投资者疑虑,约束政府及相关部门行为,及时地推出了《深圳市公用事业特许经营办法》。当然,政府或者说政策制定者并不是没有发现这个问题,从上述规范性文件的演进路径来看,我们会发现,从1985年的《关于加快发展城市燃气事业的报告》到最近的《基础设施和公用事业特许经营管理办法》,相关规范性文件的效力层级呈现递增趋势,即从一般性的规范性文件上升至部门规章。我们不能忽略这种进步,但以推动天然气下游产业市场化发展的规范性文件以部门规章的形式出现,其效力层级仍明显不足,毕竟,在民事

---

[1] 需要说明的是,规范性文件效力低下和规范性文件缺位虽然有形式上的区别,但两者在依据规范行为人对自己行为预期评价上却存在一致性,即对自己行为的法律效果都不能有明确的预期,只是在不确定性的程度上有所区别,规范性文件缺位时,行为人对自己行为的法律后果不确定性更强。

[2] 仇保兴、王俊豪:《中国城市公用事业特许经营与政府监管研究》,中国建筑工业出版社2014年版,第271页。

纠纷中，部门规章尚不能被直接引用作为裁判依据。① 而天然气下游产业市场化领域，却充斥着大量的民事纠纷。

其次，从中观方面论，相关规范性文件对特许经营协议性质的认识仍存在一定误区，这势必有碍于天然气产业下游进一步市场化。具体而论，作为当前阶段推动天然气产业下游市场化的基本规范性文件《基础设施和公用事业特许经营管理办法》，较之前的规范性文件，管控思维有明显的弱化，而将特许经营协议的订立、履行、终止和变更，交由特许经营协议的双方当事人凭自由意思处理，并尽量简化特许经营权人在与公权力机关交涉过程中的手续和程序。② 但值得关注的是特许经营权人的法律救济，"特许经营者认为行政机关作出的具体行政行为侵犯了其合法权益，有陈述、申辩的权利，并可以依法提起行政复议或者行政诉讼"。③ 此条款迥异于《基础设施和公用事业特许经营管理办法》（征求意见稿）关于特许经营权人法律救济的规定，"特许经营者与实施机关就特许经营协议发生争议并难以协商达成一致的，可以依法提起民事诉讼或仲裁。特许经营者对行政管理部门就特许经营活动作出的具体行政行为不服的，可以依法提起行政复议或行政诉讼"。④ 这意味着特许经营协议产生争议时应适用行政复议和行政诉讼的程序，⑤ 而不适用作为民事纠纷解决机制的民事诉讼和仲裁。这样一种法律救济方式

---

① 参见《最高人民法院关于裁判文书引用法律、法规等规范性法律文件的规定》第二条：并列引用多个规范性法律文件的，引用顺序如下：法律及法律解释、行政法规、地方性法规、自治条例或者单行条例、司法解释。同时引用两部以上法律的，应当先引用基本法律，后引用其他法律。引用包括实体法和程序法的，先引用实体法，后引用程序法。第四条：民事裁判文书应当引用法律、法律解释或者司法解释。对于应当适用的行政法规、地方性法规或者自治条例和单行条例，可以直接引用。
② 参见《基础设施和公用事业特许经营管理办法》第二十二条。
③ 参见《基础设施和公用事业特许经营管理办法》第五十一条。
④ 参见《基础设施和公用事业特许经营管理办法》（征求意见稿）第四十四条。
⑤ 陈新松：《〈基础设施和公用事业特许经营管理办法〉重点条文解读——以能源企业为视角》，《城市管理与科技》2015年第17期。

选择上的变化,其根源在于对特许经营协议性质认识不清。政府特许经营协议是兼具私法性质和公法性质,但契约性或私法性是政府特许经营协议的本质属性。① 政府特许经营协议的公法属性主要体现在前半段的招标与决标行为,涉及厂商的投标资格及国家资源的充分公平分配问题,公法性质突出,因而是公法行为;而后半段的契约的缔结、履行等行为,则是私法行为。② 显然,既有规范性文件将本应属于私法领域的问题转换成了公法调整的对象,而这必然有损于本应作为契约关系平等主体的特许经营权人的利益,伤害其对公用事业特许经营领域投资的积极性,最终阻碍天然气下游产业市场化的进一步推进。

最后,从微观方面认知,相关规范性文件在市场机制建设上仍有缺失。一个完整的市场规范,主要由三部分构成,即市场准入机制、市场交易机制和市场退出机制。就市场准入机制而言,现有的规范性文件规定了招标和竞争性谈判两种形式的私人企业进入特许经营领域的方式。③ 但两者以并列形式出现,而未有何者具有优先性可言,这可能导致政府主管部门在引入特许经营主体时选择公开性更弱但却更容易实现个人不当利益的竞争性谈判。就此问题,应确立招标的优先性,并明确采用竞争性谈判方式引入特许经营制度的前置要件。此外,以招投标方式引进企业进入特许经营领域,可参照《招标投标法》。但竞争性谈判却存在相关规则和程序缺位的情况,现有法制下,仅有《政府采购法》第三十八条涉及竞争性谈判的内容,但由于所涉对象不同,其参照价值并不大。而竞争性谈判方式在公开性方面本就远不及招标方式,极易在交涉过程中出现

---

① 邢鸿飞、徐金海:《公用事业法原论》,中国方正出版社2009年版,第279页。
② 杨解君:《行政契约与政府信息公开——2001年海峡两岸行政学术研讨会实录》,东南大学出版社2002年版,第176—183页。
③ 参见《基础设施和公用事业特许经营管理办法》第十五条。

权力寻租等现象，滋生腐败，损害民众的公共利益。建立完善的特许经营权市场准入机制，尚需在竞争性谈判程序和规则上着力；而就市场交易机制而言，天然气下游产业下游市场的交易关系应包含两类：一类是公用事业提供者与公用事业消费者之间的关系，另一类是特许经营协议双方的交易关系。公用事业提供者与公用事业消费者，一方提供服务，另一方支付对价，这种关系，受《合同法》[①]等规范调整，自不待言。而公用事业价格的形成机制，受法律、行政法规和特许经营协议调整，亦不存在问题；需要特别说明的是，特许经营协议双方的交易关系。由于代表政府的一方，既作为监管者出现，又作为平等地位的协议一方当事人出现，因此，这类关系相对特殊。现有的规范性文件，已将这类关系作了一定程度的类型化区分，[②] 即 BOT（ROT）、BOOT（ROOT）、BTO（RTO）模式，这有利于具体的特许经营关系，具体化处理。但是，上述模式所形成的资产权属问题，并不能在现行法上找到合适的权利对应。这不利于企业通过上述财产进行融资担保以及企业破产时的财产清算。因此，对上述特许经营协议所形成的财产权关系，有进一步厘清的必要。另外，在特许经营协议双方关系中，还存在政府对特许经营权人的承诺问题，但就政府而言，现有的规范性文件只有关于政府承诺的规定，却没有政府无法践诺时的处理办法，这很可能导致政府承诺成为一纸空文，而使得特许经营权人的利益无法得到保障，最终不能实现立法目的；就市场退出机制而言，现有的规范性文件对特许经营协议无法履行或者是提前终止特许经营协议时的主体退出问题作出了规定，但是对经营主体破产时的退出机制却只字未提，鉴于公用事业的特殊性，其运营主体破产不应简单地适

---

① 参见《合同法》第十章《供用电、水、气、热力合同》。
② 参见《基础设施和公用事业特许经营管理办法》第五条。

用《破产法》，而应有特殊的破产机制，以确保公用事业供给的连续性和不间断性，同时确保运营主体的债权人利益，这样方能提升主体的融资能力和正常经营能力。

三 特许经营制度合理建构的应酌因素

针对上述天然气产业市场化的瓶颈，我们必须在相关规范设置上予以调整方能有所突破。而经过上文的分析，我们了解到天然气产业市场化正是以特许经营制度为抓手和依托，由是，相关规范设置的调整，正是对特许经营制度的调整。

应当肯定，《基础设施和公用事业特许经营管理办法》对特许经营制度的建构已经有了长足的进步，但从特许经营发展的整体历程来看，该规章还只是一个过渡性的文件，作为国家法律层面的特许经营法的立法进程仍然需要加快。[1]

合理的特许经营制度建构，应立足于现实国情。中国进行市场化改革进程已逾三十年，但并不能认为中国社会经济的市场化建设已经完成，社会主义市场经济体制建设尚处于完善化阶段。诸多经济领域尚处于转型时期，市场化程度并不充分，中国仍属于转轨经济国家。转轨经济国家民营化过程较资本主义国家的民营化过程有其特殊的困难。资本主义国家以私有制为基础，存在大量的私人企业，并且竞争充分，这有利于国有企业（公用事业）的市场化。转制一旦实现，私人企业一方面受自身逐利性的激励，另一方面受竞争市场的约束，既能提升管理、生产效率，其经营行为又充分地受到市场的调节和约束。故而，相关产业市场化的积极效果容易显现。但是，作为一个经济体制转型的国家，我们缺乏一个良好的市

---

[1] 陈新松：《〈基础设施和公用事业特许经营管理办法〉重点条文解读——以能源企业为视角》，《城市管理与科技》2015年第17期。

场环境，即一个具有充分竞争性的市场，盲目的私有化极有可能导致私人垄断，由于其自身强烈的趋利性而无视公共利益和国家利益，较国家垄断而言，可能会产生更坏的后果。因此，对于转轨国家而言，在民营化过程中培育完善的竞争市场是十分关键的。[1] 这就需要我们在规则层面打造充分的竞争机制。具体到特许经营制度的建构，鉴于经营过程中的自然垄断性，而不易在此过程中引入充分的竞争，因此，我们就应通过制度强行构建，实现主体市场准入（包含市场再度准入即特许经营权更新）和市场退出时的充分竞争，防止私人垄断的出现。

合理的特许经营制度建构，应注意政府既作为监管者又作为平等协议主体的平衡。一方面，政府（特许人）和企业（被特许人）在主体身份上是平等的，双方经过谈判，自愿签订特许经营合同。[2] 基于自由意志形成的特许经营协议中的部分内容，如设施权属以及相应的维护和更新改造、履约担保、特许经营权内的风险分担、政府承诺和保障等出现争议和纠纷，应当适用民事纠纷解决机制予以解决。另一方面，政府享有对特许经营活动的监管权，这表现在，政府可以依据市场的变化或者产品技术的更新，通过法定程序，对特许经营合同的某些条款进行调整。当作为被特许人的企业违反法规政策时，还有权提前终止特许经营合同。[3] 基于监管责任而形成的特许经营协议中的部分内容，如监测评估、价格和收费标准的确定方法以及调整程序、应急预案和临时接管预案，与规范性文件直接规定的监管机构监管职能和责任产生争议时，其适用的争议解决机制应当是行政争议解决机制。事实上，作为兼具私法属性和公法

---

[1] 杨君昌主编：《公共定价理论》，上海财经大学出版社2002年版，第40页。

[2] 仇保兴、王俊豪：《中国城市公用事业特许经营与政府监管研究》，中国建筑工业出版社2014年版，第26页。

[3] 仇保兴、王俊豪：《中国城市公用事业特许经营与政府监管研究》，中国建筑工业出版社2014年版，第26页。

属性的特许经营协议，应当将协议中分属不同法域调整的关系进行合理的区分，以切实做到厘清政府的权力和权利、职责和义务。上述分析已经说明这种区分具有现实可能性。而不应笼统地将特许经营协议归为行政合同或者是普通的商业协议，若是这样，或者是潜在的特许经营者认为政府在特许经营过程中地位过于强势而对相关公用事业领域的投资心生忌惮，影响公用事业的市场化；或者是过度淡化政府监管职能而使公共利益的实现得不到充分保障。因此，在特许经营制度建构过程中准确定位政府的地位和角色，至关重要。

合理的特许经营制度建构，还需要侧重考量主体规范和配套性制度的建设和协调。一个完整的制度体系的建立，并非因一部规范性文件的出台即告成功，尚需相关性制度的配套方能成形，特许经营制度亦不例外。主体规范与配套性制度的建设和协调，顾名思义，包含两个方面，一是建设，即需要有配套性制度的存在；二是协调，即主体规范与配套制度之间，配套制度与配套制度之间的和谐运行问题。当前阶段，中国的特许经营制度的主体规范基本确立，既有法律体系，亦存在相应的配套性规范。但总体而言，特许经营制度尚属新兴制度，主体规范仍处于建设当中。大量的配套性制度尚处于缺位状态，需要在制度建设中侧重考量。否则制度体系不能成形，造成在实施过程中的规范缺位，特别是针对政府行为的规范缺位，极易引起权力失控和权力寻租，损害特许经营权人的利益和有碍公共利益的实现。关于制度之间的协调性问题，很多时候，配套性规范是既存的，但是由于对制度未形成科学的认识，使得本应转致适用民事法律规范而错误地转致适用行政法律规范；或者是主体性规范与转致适用的规范存在冲突，使得在规范适用时无所适从。上述情形的出现，容易造成行为主体不能正确预判自己的行为后果，也容易引发裁判主体在适用法律时的选择困难。由此形成制度运行过程中的不协调，最终有损制度设置目的的达成。由是，特许经营制度的建构，应充分考量主体规范与配套性制度的建设和协调问题。

第四节 天然气产业下游市场化法律规范设置：以特许经营制度的完善为中心

综合上述分析，天然气产业下游市场化推手是特许经营制度。现有制度中已经存在特许经营制度的主体性规范，其积极作用和功能价值不容否认。但是，既存特许经营制度作为转型期社会的产物，制度的过渡性特点非常鲜明。此外，就此制度的建设，尚处于探索阶段。故而，制度本身尚有诸多不完善之处，由此形成了天然气产业下游发展的瓶颈。当下，应着力于完善特许经营制度，助推天然气产业下游市场化的进程。

一 特许经营制度合理建构的前置性要件：特许经营协议规范二重性的准确认知

对特许经营协议的规制是特许经营制度的核心内容，因此，特许经营协议规制是否合理事关特许经营制度建构的成败。而特许经营协议的合理规制又依赖于对特许经营协议的科学认识。当前，既存规范性文件对特许经营协议的定位分歧较大，这势必会影响特许经营协议的统一规范，合理的特许经营制度建构自然就无从谈起。

具体而言，最高人民法院公布的《关于适用〈中华人民共和国行政诉讼法〉若干问题的解释》将特许经营协议认定为行政协议,[①] 并系统性地规定了因行政协议产生纠纷的裁判细则。[②]
而财政部对特许经营协议上位概念 PPP 项目合同的认定,却与最高法院的认识大相径庭。根据财政部发布的《政府和社会资本合作项目政府采购管理办法》和《财政部关于规范政府和社会资本合作合同管理工作的通知》等相关规定,财政部将 PPP 项目合同认定为法律地位平等、权利义务对等的合同,应依法平等地主张合同权利,履行合同义务。[③] 而当 PPP 项目合同履行中发生争议且无法协商一致的,可以依法申请仲裁或者提起民事诉讼。[④] 由此可以判定,财政部认为 PPP 项目合同应当是民事合同,自然,作为其下位概念的特许经营协议,亦应当是民事合同。规范制定者在特许经营协议上的认识不统一,源于特许经营协议兼具公益和私益的特性,其关涉公益部分的关系应受公法调整,而涉及私益部分的关系理当受私法调整。就此点论,笔者认为,想从概念上析清特许经营协议公、私契约划分,存在困难,因为要彻底解决一切有关公、私契约分野的争议问题,是根本不可能的。[⑤] 但从技术上区分特许经营协议中分属私法和公法调整却存在现实可能。诚如前文中谈到的,基于监管责任而形成的特许经营协议中的部分内容,适用公法调整;基于自由意思形成的特许经营协议中的部分内容,则适用私法规范。而《基础设施和公用事业特许经营管理办法》(征求意见稿)的第四十四条能够表现该立法意图,即是"特许经营者与实施机关就特许经营协议发生争议并难以协商达成一致的,可以依法提起民事诉讼

[①] 参见《关于适用〈中华人民共和国行政诉讼法〉若干问题的解释》第十一条。
[②] 参见《关于适用〈中华人民共和国行政诉讼法〉若干问题的解释》第十二条至第十六条。
[③] 参见《财政部关于规范政府和社会资本合作合同管理工作的通知》第二部分第二项。
[④] 参见《政府和社会资本合作项目政府采购管理办法》第二十二条。
[⑤] 杨解君:《行政契约与政府信息公开——2001年海峡两岸行政学术研讨会实录》,东南大学出版社 2002 年版,第 63 页。

或仲裁。特许经营者对行政管理部门就特许经营活动作出的具体行政行为不服的，可以依法提起行政复议或行政诉讼"，应以遵从。这样既避开了界定特许经营协议属行政协议或者是民事合同的尴尬，又为行为主体以及裁判机关进行行为预测和法律适用提供了依据。

二 主体准入规范补缺：招标程序优先性建构和竞争性谈判程序设置

特许经营制度既存主体性规范《基础设施和公用事业特许经营管理办法》规定了两种主体准入方式，一是招标，二是竞争性谈判。① 在两种准入方式的选择上，并不存在明显的优先性倾向，而只是补充性地说明"特许经营项目建设运营标准和监管要求明确、有关领域市场竞争比较充分的，应当通过招标方式选择特许经营者"。② 该条款由于欠缺客观标准，主观色彩极其浓厚，其规范意义不强。笔者认为，招标与竞争性谈判不能并列备选，而应该有优先性之分。相较竞争性谈判，公开招标有三个突出优点：一是必须要公开和无限制征求投标，从而促成最激烈的竞争。二是不能与潜在的特许经营权人就标的的实质性内容进行谈判，这是为了避免政府与潜在的特许经营权人进行串通，从而不当获取特许经营权，危害公共利益。三是事先确定特许经营协议的主要内容，对投标人进行评审的标准以及确定中标人的标准，并且在投标截止期之后不能发生变化。即使在投标截止期前进行修改，也要遵循严格的澄清和修改程序。③ 显然，就竞争性而言，招标方式更具优势，并且更能确

---

① 《基础设施和公用事业特许经营管理办法》第十五条第一款：实施机构根据经审定的特许经营项目实施方案，应当通过招标、竞争性谈判等竞争方式选择特许经营者。
② 《基础设施和公用事业特许经营管理办法》第十五条第二款：特许经营项目建设运营标准和监管要求明确、有关领域市场竞争比较充分的，应当通过招标方式选择特许经营者。
③ 葛晓峰：《竞争性谈判如何更好地与国际接轨》，《中国招标》2015年第18期。

保特许经营权准入过程中的公正性。故而，应确定两种准入形式中的招标方式优位，并应明确在何种情形下方能适用竞争性谈判方式。参照《政府采购法》第三十条关于竞争性谈判前置要件的规定[①]以及公用事业特许经营的自身特点，公用事业特许经营准入适用竞争性谈判方式前置要求可设定为：一是依法公开招标而流标、废标达两次以上；二是技术复杂或者性质特殊不能确定详细规格或者具体要求的。[②] 理由在于，第一次招标流标或者废标原因具有多样性，可以在第二次招标中予以更正，将招标文件拟定得更为合理，而尽量采用招标形式引入特许经营。而较为特殊的公用事业特许经营招标，由于没有既存标准可供参照而不能提出具体的要求，此时招标文件都无法完整订立，采用招标方式自然无从谈起。至于时间紧迫和事先计价问题，在公用事业特许经营准入当中均不易出现，因此，上述两种情形下适用竞争性谈判方式可以摒除。需要说明的是，在天然气产业下游的市场准入，其采用竞争性谈判的方式应只限于第一种，即是"依法公开招标而流标、废标达两次以上"。因为天然气产业下游不存在技术复杂和特殊导致无法提出标准和要求的情形。

此外，需要进一步设置竞争性谈判的程序。通过招标方式选择公用事业的特许经营者可以依照《招标投标法》进行。但是，中国却缺乏竞争性谈判的一般规则。在既存的规范性文件中，《政府采购法》《政府采购法实施条例》《政府采购非招标采购方式管理办法》等对竞争性谈判程序问题有所涉及，但由于其规制对象是政府

[①] 《政府采购法》第三十条：符合下列情形之一的货物或者服务，可以依照本法采用竞争性谈判方式采购：（一）招标后没有供应商投标或者没有合格标的或者重新招标未能成立的；（二）技术复杂或者性质特殊，不能确定详细规格或者具体要求的；（三）采用招标所需时间不能满足用户紧急需要的；（四）不能事先计算出价格总额的。

[②] 章志远、黄娟：《公用事业特许经营市场准入法律制度研究》，《法治研究》2011年第3期。

采购行为，而非政府选择特许经营权人的行为，故而，虽然在一定程度上具有参考意义，但却不能完全参照适用。为了规范特许经营权人选择过程中的竞争性谈判行为，减少政府相关机构和潜在特许经营权人在实际操作过程中的随意性以及权力寻租空间，应对公用事业特许经营权准入过程中的竞争性谈判程序做具体设置。我们可以以动态的视角考察竞争性谈判的流程，并具体对各个流程的规范进行设置。第一步是竞争性谈判得以启动的前置程序，即项目提出部门应当向本级政府提交通过招标方式不能确定特许经营权人的证明，或者是因两次流标、废标而使得招标不能；或者是性质非常特殊而无既定标准，无法制作招标文件。第二步是成立谈判小组，应以项目实施机构为依托成立谈判小组，鉴于公用事业特许经营的长久性、利益涉及的广泛性、经营事业的技术性要求、特许经营协议的复杂性等，谈判小组在人员构成方面应有较高要求，从数量上说，应至少5人的单数，其中应至少包含一个特许经营业务方面的专家、一个法律专家、至少一个项目提出部门工作人员。第三步是发布谈判文件，谈判文件的制定由项目实施机构会同谈判小组完成，谈判文件应当向至少两家的特许经营权竞争者发出。鉴于特许经营项目业务的复杂性，应该留给特许经营权的竞争者充分的制作响应文件的时间，笔者认为5个工作日为宜，即"从谈判文件发出之日起至特许经营权竞争者提交首次响应文件截止之日止不得少于5个工作日"。在提交首次响应文件截止日之前，应当赋予项目实施机构和谈判小组澄清和修改谈判文件内容的权利，澄清和修改的内容作为谈判文件的组成部分。另外，也应留给特许经营权竞争者对澄清和修改的内容充分认识和应对的时间。"谈判小组或项目实施机构应当在提交首次响应文件截止之日5个工作日前，以书面形式通知所有接收谈判文件的特许经营权竞争者，不足5个工作日的，应当顺延提交首次响应文件截止之日。"第四步是开展谈判，谈判小组在对响应文件进行审阅后，再按照谈判文件规定的程序，逐一与特许经营权竞争者就评定成交的标准进行磋商，如果响应文件并非实质性回应谈判文件，则按无效处理，谈判小组应当将此信息反馈至提交响应文件的特许经营权竞争者。在谈判过程中，谈判小组在与特许经营权竞争者充分磋商后，可以对谈判文件中的部分内容进行修改，但这种修改必须在项目提出部门同意后方能做出。谈判小组应当及时将这种改动通知所有的参与竞争方。而竞争者应当根据这种变动重新做出响应文件，其期限也应至少为 5 日。谈判结束后，谈判小组应根据充分根据响应文件并考虑特许经营竞争者的管理经验、专业能力、融资实力以及信用状况，确定特许经营权人的候选名单，候选人不能少于两人，交由项目实施机构选择。第五步是由项目实施机构确定特许经营权人并予以公告。需要特别说明的是，为了确保竞争性谈判的公正性，应科以谈判小组成员回避义务以及赋予利害关系人申请回避权，即谈判小组成员若与特许经营权竞争者存在利害关系，应主动申请回避。若利害关系人发现谈判小组成员与特许经营权竞争者存在利害关系，亦可申请要求谈判小组成员回避。此外，如果在竞争性谈判过程中，项目实施机构、谈判小组或特许经营权竞争者存在违反相关规定的行为，应取消特许经营权的授予，并根据具体的情况在其他候选人中选取特许经营权人，或者是重新进行竞争性谈判。并科以相应机关和负责人应付之法律责任，以保障特许经营权获得过程中竞争的纯洁性。

三　市场交易规范矫正：基于平等地位的特许经营权主体与公用部门交易规范设置

市场交易规范是市场规范的有机组成部分，合理的市场交易规范是天然气下游产业市场化的重要推手。当前阶段，天然气下游产业市场交易规范内嵌于公用事业特许经营交易规范当中。对其矫正，即是对公用事业特许经营过程中的相关规则进行合理设置，以使其更加符合市场化要求。

在公用事业特许经营的过程中，主要包括三类活动主体，公共部门、私人合作者和其他利益相关者（如公共服务的消费者、为公共设施的建设和运营提供产品或服务的供应商、融资的提供方等）。[①] 三类主体主要形成两类关系，这两类关系构成了公用事业特许经营过程中的市场交易关系。一类是特许经营权人与消费者、借款人或者供应商等之间形成的法律关系，这类关系是纯粹的民事关系。其权利义务关系由当事人之间签订民事合同确定，其纠纷解决适用民事纠纷的解决机制。另一类则是公共部门与特许经营权人的关系，这类关系是特许经营过程中的核心关系。在这类关系中，公共部门通常处于强势地位，享有行政特权，而私人部门则在寻求补救措施方面，往往要屈服于公共部门的行政权力。[②] 其纠纷的解决，并不完全适用民事纠纷的解决机制，很多时候会牵涉行政手段，特许经营权人的利益易受损害。对这类关系的规范合理程度，在很大程度上决定着公用事业（天然气下游产业）市场化的程度。市场化程度越高、竞争越透明的国家，对上述关系的规制通常以平等交易关系法规范。反之，则更多的是以管理型规范去解决因这类关系而产生的争议。

当前阶段，中国特许经营协议履行过程中的纠纷解决规范，更侧重于管理型规范，而忽略了特许经营协议是基于主体地位平等的特许经营权人与公共部门签订的私权契约这一本质属性。笔者认为，应树立在特许经营协议履行过程中争议解决机制以民事争议解

---

① 湛中乐：《PPP 协议中的法律问题探析》，2009 年 2 月 16 日，110 法律咨询网，http：//www.110.com/ziliao/article-61397.html。

② 湛中乐：《PPP 协议中的法律问题探析》，2009 年 2 月 16 日，110 法律咨询网，http：//www.110.com/ziliao/article-61397.html。

决机制为主，行政争议解决机制为辅的观念。这是可能并可行的。我们可以对特许经营协议必要条款进行分析，明晰其可能产生的争议。厘清其争议解决方式，以说明上述争议解决机制确立的可行性。

笔者认为，从类型化的角度考察，特许经营协议中的必要条款可以分为普通协议条款和涉政府管理职能条款。普通协议条款构成了特许经营协议的主要内容，应包括下列条款：（一）特许经营方式、区域、范围、期限；（二）项目公司的经营范围、注册资本、股东出资方式、出资比例、股权转让等；（三）设施权属，以及相应的维护和更新改造；（四）履约担保；（五）特许经营期内的风险分担；（六）特许经营期限届满后，项目资产及移交方式、程序和要求等；（七）变更、提前终止及补偿。① 上述条款并不直接涉及公共利益以及政府的管理职能，故而因上述条款履行而出现争议的，应当完全适应民事纠纷的争议解决机制以及相应的民事法律规范。

涉政府管理职能条款包括：（一）所提供产品或者服务的数量、质量和标准；（二）监测评估；（三）收益取得方式、价格和收费标准的确定方法以及调整程序；（四）政府承诺和保障；（五）应急预案和临时接管预案。② 我们可以逐条分析上述条款在履行过程中可能发生的争议和应当采取的争议解决方式。就第一项而言，特许经营者本就应依照相关法律、行政法规、标准规范提供公共产品，如若其提供的公共产品不符合上述规范，则其行为应受到《产品质量法》等经济法规范调整并会受到产品质量监督机关相应的处罚。此时，作为特许经营协议的一方当事人的公共部门，没有必要同时也没有职权通过行政行为去要求特许经营权人承担责任。而就

---

① 参见《基础设施与公用事业特许经营管理办法》第十八条的相关规定。
② 参见《基础设施与公用事业特许经营管理办法》第十八条的相关规定。

特许经营协议中规定的公共产品质量而论，其标准应当优于国家强制性标准，如果特许经营权人提供的产品不能达到这项标准，公共部门可予以救济的方式是根据协议标准要求特许经营权人提供符合标准的公共产品并承担违约责任，这属于民事责任的范畴。就第二项"监测评估"而言，这一条款所涉内容牵涉的是城乡规划、土地管理、环境保护、质量监管、安全生产等内容，相关事项本就由国家公权力机关专门管理，同样无须作为协议当事人的公共部门依公权力进行二次管理，到时如果特许经营权人违反相应规定，公共部门可依协议追究其违约责任，当然，这也属于典型的民事责任范畴。就第三项"价格管控"而论，也由公权力机关物价局专门管理，作为协议一方当事人的公共部门同样没有基于公权力二次管理的理由，而应当是依据协议的规定，追究特许经营权人的违约责任。需要特别说明的是第四项"政府承诺和保障"，政府的承诺包括不必要的同类竞争性项目建设、必要合理的财政补贴、有关配套服务和基础设施的提供等。① 显然，这里涉及政府应当承当的义务，如果政府违反上述义务，特许经营权人应有救济方式。笔者认为，如果政府作出了建设同类竞争性项目的决定，则应属于政府作出的具体行政行为侵害了特许经营权人的利益，特许经营权人应当首先就此决定提起行政诉讼②，在法院依法认定政府具体行政行为无效后，特许经营权人可就该具体行政行为追究政府的违约责任并就其造成的具体损失追究政府的损害赔偿责任。上述责任形式，属于民事责任范畴。而如果是政府并未依诺提供合理的财政补贴、提供有关的配套设施以及基础设施，特许经营权人只能依约要求其履行其义务，并且要求政府就此违约行为造成的损失承担赔偿责任。因第

---

① 参见《基础设施与公用事业特许经营管理办法》第二十一条。
② 参见《最高人民法院关于执行〈中华人民共和国行政诉讼法〉若干问题的解释》第十二条。

五项"应急预案和临时接管预案"发生的纠纷与因第四项产生的纠纷而适用的纠纷解决机制一致,即是,公用部门对特许经营权人的接管应属于具体行政行为,接管行为发生后,特许经营权人若认为接管行为不恰当,可提起行政诉讼,由法院认定具体行政行为是否正当,若法院认定公共部门的接管行为不恰当,则特许经营权人可依特许经营协议追究公共部门的违约责任,并可就由此造成的损失要求损害赔偿。

通过上述分析,特许经营协议中涉及政府管理职能的条款产生争议时,真正应该适用行政争议解决方式的并不多,大量的看似应该属于行政行为调整的对象,已经存在专属机关以及具体的法律依据予以规制和调整,而不应赋予政府依据特许经营协议进行二次行政调整的权限。这样做既无法理基础,也造成了资源浪费和行为的无效率。而现有的规范性文件受长时间管控思维的影响,却在立法中采用了上述无法理基础和无效率的立法模式。从形式上看,似乎公共利益能够得到更有效的保障,但从实质上讲,这种对特许经营权人科以过分行政负担的立法,往往会伤害潜在特许经营权人参与公用事业的积极性,阻碍公用事业市场化进程,最终影响公共产品的有效供给。

管控思维的转换需要一段时间过程。当前阶段,为了推动公用事业(天然气产业下游)的市场化,应摒弃管理型的市场交易纠纷调整机制,而逐步建立基于平等地位的特许经营权主体与公用部门交易规范设置。上述分析已经证明了其可能并可行,同时也具体化了平等主体交易规范设置的基本内容。

四 主体退出机制设置:特许经营主体破产与主体对资产使用权的物权塑造

市场主体退出机制是完整市场机制的最后一个环节。在公用事业特许经营权领域，既存的规范性文件对市场主体几种可能的退出形式作了一般性规定，一是一方严重违约或因不可抗力等原因，导致特许经营协议无法履行或者是出现了特许经营协议约定的提前终止协议的情形，在与特许经营权人债权人协商一致的情况下，可提前终止协议，特许经营权人退出市场；① 二是特许经营期限届满后，特许经营权人丧失特许经营权，此时，特许经营权人也退出市场；② 三是特许经营者违反强行性规范，严重危害公共安全或者造成重大质量、安全事故或者突发环境事件，有关部门责令限期修改并依法予以处罚，而拒不改正，情节严重时，公共部门可以终止特许经营协议；③④ 四是以欺骗、贿赂等不正当手段取得特许经营项目的，应当依法收回特许经营项目。⑤ 前三种退出机制以特许经营协议约定和意思自治为基础，属于市场化的退出机制，而后一种是政府基于管理职能而强行剥夺特许经营权人的特许经营权，属于行政型的退出机制。

显然，既存的规范性文件并未对一种重要的市场化退出机制——破产机制作出规制。尽管中国存在一般性的规制市场主体破产行为的规范性文件，⑥ 但这种一般性破产行为的规范性文件是否能够直接适用于特许经营项目公司或其他的特许经营项目主体，颇值思量。因为特许经营项目公司和其他的特许经营项目主体的财产权结构迥异于一般企业法人和公司法人的财产权结构。我们可以具

---

① 《基础设施与公用事业特许经营管理办法》第三十八条。
② 《基础设施与公用事业特许经营管理办法》第四十条。
③ 《基础设施与公用事业特许经营管理办法》第五十三条。
④ 需要特别说明的是，此时的公共部门行使的协议解除权是基于特许经营协议中的规定，而其权利得以产生的基础是特许经营权人在经营过程中违反约定的行为，协议中必然会对服务和产品做出必须符合强行法规定的约定，特许经营权人的经营行为不能符合这一要求，自然就违背了协议中约定的特许经营权人应当履行之义务。
⑤ 《基础设施与公用事业特许经营管理办法》第五十四条。
⑥ 《企业破产法》以及相关的司法解释构成了我国一般性地规制市场主体破产行为的规范性文件。

体分析一下不同投资模式下形成的财产权结构。就 BOT（ROT）投资模式形成的特许经营权人财产权结构，特许经营权人建成项目或扩建完项目后形成的资产，由政府享有所有权，而特许经营权人可以在特定时期内使用这部分资产并获得一定的收益。显然，就这部分资产的所有权而言，并不是特许经营权人的财产，自然在其破产之时也不能成为其破产财产。而就这部分资产的使用权而论，其是否能成为其破产财产呢？在既存的破产法规范以及特许经营权管理办法中，并不能就此问题找到现成的答案。要形成对这部分权利的准确认知并对其予以合理规制，应首先认识其权利属性。在现有的制度框架下，对资产的使用权，可以分为债权性质的使用权（如租赁权等）或者是物权性质的使用权（用益物权）。中国奉行物权法定主义，《物权法》并未将这种形式的使用权界定为用益物权。因此，从解释论的角度看，这种权利只能是债权性质的使用权。那么，债权性质的使用权能否成为破产财产呢？根据《企业破产法》第一百零七条第二款以及第三十条的规定，"债务人被宣告破产后，债务人称为破产人，债务人财产成为破产财产"；"破产申请受理时属于债务人的全部财产，以及破产申请受理后至破产程序终结前债务人取得的财产，为债务人财产"。从上述条款来看，认为这种债权性质的使用权为特许经营权人的破产财产在破产法上并无障碍，要实现这种债权性质的使用权的财产价值，可通过拍卖完成。① 但是根据《基础设施和公用事业特许经营管理办法》的规定，这样一种实现破产财产实现方式似乎并不能采用。特许经营协议中存在一个必要条款即特许经营协议的"变更、提前终止及补偿"。当特许经营权人资不抵债而无法经营时，从形式上看，其应当属于协议提前终止的情形，而从实质上看，特许经营权人亦无继续经营的可

---

① 参见《企业破产法》第一百一十条和第一百一十二条。

能。此时，可以提前终止协议，政府收回特许经营项目。[①] 而特许经营项目的收回，必然包含对项目所涉资产的使用权的收回，也即，对投资资产的使用权不能作为特许经营权人的破产财产。显然，此规定对特许经营权人以及特许经营权人的债权人都有实质性的不利影响。于是，为了降低这种不利影响，《基础设施和公用事业特许经营管理办法》特别规定了提前终止协议时需与特许经营权人的债权人协商一致的规定，并进一步规定了政府收回项目时应根据实际情况和协议约定给予特许经营权人相应的补偿。[②] 这一规定恰好是政府在对特许经营权规制上的一种矛盾心态，既想给予特许经营权人以及相关投资人以足够的保障，实现社会资本的引入，同时又不敢放松对特许经营项目的控制。实际上，就是"欲说还羞"的管控思维的形式化。但是，无论以何种形式弥补或掩盖，既存规范体系下，特许经营权人投资所形成的资产的使用权，并不能成为破产财产是不争的事实。而这部分资产，或者更准确地说是这部分资产的使用权，却是特许经营权人财产权构成的核心部分，是其经营行为的基本依托，同时，也应当成为其对外承担责任的基本依托。由是，笔者认为，特许经营权人对其投资形成的资产的使用权，应当是其破产财产。并且，为了更确实地夯实其破产财产和责任资产地位，还应当将此使用权作物权塑造。具体理由如下：首先，在实践当中，债权形式的使用权（租赁权为其典型形式）通过拍卖实现其财产价值存在一定的障碍，甚至其是否能成为破产财产尚有争议[③]；其次，基于上述因由，以债权型权利定位将使用权拍卖，不能充分还原该使用权真实的财产价值；最后，从反方向说，

[①] 参见《基础设施和公用事业特许经营管理办法》第三十八条第二款。
[②] 参见《基础设施和公用事业特许经营管理办法》第三十八条第二款。
[③] 根据《合同法》第二百四十二条规定：出租人享有租赁物的所有权。承租人破产的，租赁物不属于破产财产。有学者就此认为租赁权不应成为破产财产。

如果将该权利塑造为物权，则上述问题均能迎刃而解，物权作为破产财产不存异议，且其保障力度充分，能够通过拍卖的方式最大限度地实现该使用权的财产价值。下面需要进一步说明的是将此种使用权塑造为物权的可行性。物权的本质，就是把一个原来属于甲和乙之间的关系（相对关系），通过登记和公示，然后就被绝对化了。[①] 因此，笔者认为，物权与债权的划分，本就是一个人为处理的结果，如果有必要，将作为债权存在的权利塑造为以物权形态存在的权利并不困难。通常我们通过两步完成这一塑造，第一步由特定的法律如《物权法》等将某一权利确定为物权；第二步确定该权利的公示方法，以使该法律关系绝对化。[②] 事实上，从权利形式上看，特许经营权人投资形成的资产使用权本就是一种绝对权。由政府与投资人签署特许经营协议，投资人或者是项目公司由此获得特许经营权，这本来就是一种完全排他的权利。而对资产的使用或者使用权，却正是包裹在特许经营权这个外壳之下，它与特许经营权相生相伴。故而，对资产的使用权也是一种完全排他的权利，而其通过政府行为，已经实现了较一般登记行为更强的公示性。由是，现在我们需要做的，就是通过《物权法》或者其他法律确立该项权利为物权，其物权塑造即完成。将对资产的使用权塑造成物权，除有利于其作为破产财产存在，顺利实现主体退出市场化破产机制外，还有利于特许经营主体的融资行为。当前，民间资本对特许经营项目缺乏兴趣的原因之一，就在于投入资金体量大，却不能形成有效的固定资产，影响项目融资。而《基础设施和公用事业特许经营管理办法》中大量条款涉及特许经营项目的融资以及债权人保护问题，正是想缓解上述困境。但从实质效果而言，由于没有实体资

---

① 苏永钦：《中国需要什么样的民法典》，《私法》2013 年第 1 期。
② 陶钟太朗、杨遂全：《农村土地经营权认知与物权塑造——从既有立法到未来法制》，《南京农业大学学报》（社会科学版）2015 年第 2 期。

产的担保，这样的措施并不能对提升投资者信心起多大作用。

上述结论是基于 BOT（ROT）模式所形成的财产权结构得出的。而 BTO（RTO）模式，特许经营主体实质获得的也是对资产的使用权，笔者认为适用 BTO（RTO）所得出的财产权分析结论和制度架构。需要特别说明的是 BOOT（ROOT）模式下的财产权结构，BOOT（ROOT）模式是项目建成或者改扩建之后，特许经营权人拥有并运营基础设施和公用事业，期限届满后交给政府。从形式上看，特许经营权人拥有所建设施的所有权，但期限届满后，应当将所有权移转给政府。从物权法视角看，这种拥有所形成的权利并不是所有权，而更趋近于一种使用权，政府拥有真正的所有权，期限届满后并非是所有权交接，而是政府的所有权从虚有权变为实质意义上的所有权。故而，BOOT（ROOT）模式下的财产权结构，虽然从形式上看与 BOT（ROT）有差异，但特许经营权人所拥有的仍然是一种使用权。故而，关于 BOT（ROT）财产权的分析结论，同样适用于 BOOT（ROOT）模式下的财产权结构。也即，应当将 BOOT（ROOT）模式下形成的对投入资产的使用权塑造为物权。

结　　语

　　本书在总结和评析中国相关研究文献的基础上，借鉴其中优秀成果，针对现有研究成果的不足，并根据中国的现实国情，对天然气产业的监管体制及规范天然气上游产业、中游产业和下游产业的既存法律制度进行了深入而系统的研究，针对不同环节，提出了推进天然气产业市场化改革的法律制度设计方案。研究结论如下。

　　第一，中国天然气产业管理体制改革可以分两个阶段进行：第一阶段是根据行业特征，结合大部制改革，先在综合性部门下设置相对独立的监管机构；第二阶段，随着行政体制改革的推进，再将相对独立的机关机构的监管职能划归行政系统外的第三方，建立独立于行政机构的独立监管机构。该机构可以设置在国务院下或直接对人大负责，独立监管机构的执行职能与政府其他机构的政策制定职能相分离，具有独立的人事和预算，受立法机关监督并对立法机关负责，实现依法独立监管。

　　第二，天然气产业上游市场化法律规范设置应以矿业权市场化为核心。针对主体准入规范设置，首先，应加快制度供给，破除天然气产业在勘探开发领域中的政策性壁垒，保障民间资本投资天然气资源勘探开发的法律地位。建议制定《天然气法》，并在该法中明确国家对民间资本投资天然气资源勘探开发领域总体方针、基本原则和配套政策。其次，要破除隐性门槛和歧视性政策，真正给予民间资本"国民待遇"。最后，建立健全天然气资源勘探开发的动态监测平台。通过对矿业权人权利义务行使、矿业权流转、储量变化、环境保护等进行全面监测，引导民间资本真正投入勘查活动，推动天然气资源的合理勘查开发，削弱资本"趋利性"特征和不正常流动带来的负面影响，减少"囤积"和"炒作"空间。

针对上游矿业权交易规范设置，提出要逐步提高天然气资源矿业权市场化水平。首先，为实现资源的资产化管理，要把国家出资探明矿产地的矿业权出让作为矿业权一级市场建设工作的重点。其次，遵循国际惯例，合理确定矿业权使用期限。最后，建立适合中国物权制度的矿业权流转制度。根据中国《物权法》规定，矿业权属于不动产物权，在《天然气法》立法中应遵循《物权法》的这一规定，建立矿业权的统一登记制度，进一步完善矿业权的流转制度，最大限度地发挥矿业权的"物"的效用。建立矿业权交易市场，促进矿业权流转，通过差别化财税政策，激励致密气加快发展。坚持政策激励，持续推动页岩气煤层气加快发展。更重要的是加快推进天然气价格机制改革，建立健全天然气价格市场体系，并加强对天然气产业的调控与监管。

为推动天然气矿业权市场的有序发展，促进天然气资源的开发、环境保护，亟须制定《天然气法》，建立有效的矿业权交易制度，进一步优化探矿权和采矿权流转的条件、程序；明确矿业权用益物权登记制度，理顺矿业权审批制度与物权登记制度的关系；明确矿业权抵押、出租、作价入股等规定。要打破传统"公有、公用、公营"的运行模式，就必须引入矿业权市场竞争和有偿获取矿业权的制度安排。除此以外，还应大力培育和发展社会化的矿业权评估、法律咨询、代理等中介结构，开展相关业务咨询活动。利用现代化信息网络技术，搭建矿业权市场交易信息平台。

第三，天然气产业中游市场化法律规范设置应以"网运分开"

制度的构建为中心。在拟定和颁行天然气产业中游市场化规范性文件的时候，为便于执行，应尽可能提高规范性文件的法律位阶。针对天然气中游产业市场化规范设置，要区别既存管网规范和新设管网规范进行设置。对既存管网规范，应成立新的规格较高的油气管网设施国家管理公司以杜绝可能产生的垄断；对增量管网的规范设置，应将增量管网单独立法。

针对主体准入规范，笔者认为，应实现完全的市场化，即各类经营主体，无论是国有、私有或者混合制资本均能平等地进入增量管网的建设和运营市场。由监管部门给出能够进入该行业的准入标准。进入该领域的市场主体只能专营增量管网的建设和运营业务，而不能进入上下游产业领域。

就市场交易规范而论，在实现"网运分开"的初期，为防止中游产业垄断性形成而影响市场化进程，监管机构必须制定一套可以控制的价格形成机制。

就主体退出规范而论，经营主体退出机制可基本参照《公司法》《企业破产法》等规范性文件。但鉴于天然气管输服务以及相关的管输设备涉及公共利益甚至国家安全，因此应建立具有一定管制色彩的财产权抵押制度、经营困难时期的接管制度以及特殊的破产财产拍卖机制。

第四，天然气产业下游市场化法律规范设置应以特许经营制度的完善为中心。本书认为，构建合理的特许经营制度，须准确认知特许经营协议的公、私契约的二重属性。在主体准入规范补缺中，需要对招标程序优先性构建及竞争性谈判程序的有效设置；在规范市场交易时，应基于平等地位的特许经营主体与公用部门交易规范设置；在主体退出机制设置上，可对特许经营主体破产和主体对资产使用权的物权塑造。

通过内容梳理，可以看出所谓天然气产业市场化就是要建立统

一、开放的市场体系,解除分割市场、封锁市场的行政性壁垒因素,鼓励多元化的投资主体积极进入市场,营造公平、公开、竞争的市场环境。天然气产业改革呼唤立法的跟进与完善,而改革中的成功经验也需要以立法的形式确立下来。我们要力争做到"立法与改革决策的衔接",要做到"重大改革于法有据",在立法活动中"适应改革和经济、社会发展的需要",发挥法律的"引领和推动作用"。

需要指出的是,天然气产业市场化改革中的法律供给是一个宏大的话题,本书只是初步搭建起了研究框架,未来还需进一步深入研究的问题有:中国天然气产业市场化的进程中政府承担着什么责任?在推进天然气产业市场化的过程中如何做才能真正处理好政府与市场的关系?具体到天然气的上、中、下游各个环节时,如何培育市场,打开政府的禁锢,真正落实《中共中央关于全面深化改革若干重大问题的决定》中提出的加快完善现代市场体系,建设统一开放、竞争有序的市场体系,使市场在资源配置中起决定作用,进一步破除各种形式的行政垄断,这些问题值得我们深入研究。

附 录

天然气产业国家政策汇总

颁布主体	颁布时间	名称
建设部	1997 年	《城市燃气管理办法》
建设部	2002 年	《关于推进市政公用事业市场化进程的通知》
建设部	2004 年	《市政公用事业特许经营管理办法》
国务院	2005 年	《关于鼓励支持和引导个体私营等非公有制经济发展的若干意见》
国家发展改革委	2007 年	《天然气利用政策（2007）》
国务院	2010 年	《关于鼓励和引导民间投资健康发展的若干意见》
国土资源部、全国工商联	2012 年	《关于进一步鼓励和引导民间资本投资国土资源领域的意见》
国家能源局	2012 年	《关于鼓励和引导民间资本进一步扩大能源领域投资的实施意见》
国家发展改革委	2011 年	"广东、广西天然气价格改革试点"
国家发展改革委、财政部、住房城乡建设部、国家能源局	2011 年	《关于发展天然气分布式能源的指导意见》
国家能源局	2012 年	《页岩气发展规划（2011—2015）》
财政部、国家能源局	2012 年	《关于出台页岩气开发利用补贴政策的通知》
国家发展改革委	2012 年	《天然气利用政策（2012）》
国家发展改革委	2012 年	《天然气发展"十二五"规划》
国务院	2012 年	《能源发展"十二五"规划》

续表

颁布主体	颁布时间	名称
国家税务总局	2013年	《关于油气田企业开发煤层气、页岩气增值税有关问题的公告》
国家能源局	2013年	《页岩气产业政策》
国家发展改革委	2013年	《关于调整天然气价格的通知》
国务院	2013年	《大气污染防治行动计划》
国家能源局	2014年	《油气管网设施公平开放监管办法（试行）》
国家能源局	2014年	《天然气购销合同（标准文本）》
国家发展改革委	2014年	《天然气基础设施建设与运营管理办法》
国家发展改革委	2014年	《关于建立健全居民用气阶梯价格制度的指导意见》
国家发展改革委、国家能源局、国家环保部	2014年	《能源行业加强大气污染防治工作方案》
国家发展改革委	2014年	《关于加快推进储气设施建设的指导意见》
国务院办公厅	2014年	《关于建立保障天然气稳定供应长效机制若干意见的通知》
国务院办公厅	2014年	国务院能源战略行动计划
国家发展改革委	2014年	《关于调整非居民用存量天然气价格的通知》
国家发展改革委、财政部、住房和城乡建设部、交通运输部、水利部、中国人民银行	2015年	《基础设施和公用事业特许经营管理办法》

中国现行天然气法律法规汇总

规范领域	立法时间	立法主体	立法名称
天然气矿业权领域	1996年	全国人大常委会	《矿产资源法》
	1994年	国务院	《〈矿产资源法〉实施细则》
	1998年	国务院	《矿产资源开采登记管理办法》
	2000年	国土资源部	《矿业权出让转让管理暂行规定》
	1999年	国土资源部	《探矿权采矿权评估资格管理暂行办法》
	2003年	国土资源部	《探矿权采矿权招标拍卖挂牌管理办法（试行）》

续表

规范领域	立法时间	立法主体	立法名称
天然气勘探开发制度	1998年	国务院	《矿产资源勘查区块登记管理办法》
	2002年	国务院	《地质资料管理条例》
	1993年	国务院	《对外合作开采陆上石油资源条例》
	2011年	国务院	《对外合作开采海洋石油资源条例》
天然气产业环境保护制度	2014年	全国人大常委会	《环境保护法》
	2013年	全国人大常委会	《海洋环境保护法》
	2000年	全国人大常委会	《大气污染防治》
	2004年	全国人大常委会	《固体废弃物污染环境防治法》
	1990年	国家海洋局	《海洋石油勘探开发环境保护管理条例实施办法》
	2002年	国家海洋局	《海洋石油开发工程环境影响及评价管理程序》
天然气管道保护制度	2004年	国家经济贸易委员会	《石油天然气管道安全监督与管理暂行规定》
	2010年	全国人大常委会	《石油天然气管道保护法》
天然气安全生产制度	1992年	全国人大常委会	《矿山安全法》
	1995年	国务院	《矿山安全法实施条例》
	1993年	建设部	《石油天然气工程设计防火规范》
	1996年	劳动部	《压力管道安全管理与监察规定》
	2000年	国家安全生产监督管理局	《陆上石油和天然气开采业安全评价指导》
	2006年	国家安全生产监督管理总局	《海洋石油安全生产规定》
	2009年	国家安全生产监督管理总局	《海洋石油安全管理细则》
天然气贸易及经营制度	1987年	国家计委等	《天然气商品量管理暂行办法》
	2010年	国务院	《城镇燃气管理条例》
	2015年	国家发展改革委	《基础设施和公用事业特许经营管理办法》
天然气财金税费制度	2011年	国务院	《资源税暂行条例》
	1989年	财政部	《开采海洋石油资源缴纳矿区使用费的规定》
	1999年	财政部、国土资源部	《探矿权采矿权使用费和价款管理办法》
	2002年	国家税务总局	《成品油零售加油站增值税征收管理办法》
	2006年	财政部	《石油特别收益金征收管理办法》

参考文献

一 中文著作

陈富良：《规制政策分析——规制均衡的视角》，中国社会科学出版社2007年版。

曹阳：《网络型公用企业竞争的法律规制》，法律出版社2007年版。

崔建远主编：《自然资源物权法律制度研究》，法律出版社2012年版。

邓淑莲：《中国基础设施的公共政策》，上海财经大学出版社2003年版。

董秀成、李君臣：《我国天然气产业网络链一体化研究》，知识产权出版社2013年版。

樊纲、马蔚华主编：《中国能源安全：现状与战略选择》，中国经济出版社2012年版。

范合君：《中国垄断产业放松规制与机制设计博弈研究》，首都经济贸易大学出版社2010年版。

高鸿业主编：《西方经济学》（微观部分），中国人民大学出版社2007年版。

高鹤文：《准公共产品领域国有经济功能研究》，吉林大学出版社2011年版。

高培勇、夏杰长主编：《中国经济体制改革报告2013——把改革蓝图付诸实践》，经济管理出版社 2013 年版。

高培勇、杨志勇、杨立刚、夏杰长编著：《公共经济学》，中国社会科学出版社 2007 年版。

龚向前：《气候变化背景下能源法的变革》，中国民主法制出版社 2008 年版。

国家发展和改革委员会经济体制与管理研究所、《中国石油天然气行业监管体系研究》项目组：《中国石油天然气行业监管体系研究》，石油工业出版社 2007 年版。

国务院发展研究中心资源与环境政策研究所：《中国石油资源的开发与利用政策研究》，中国发展出版社 2010 年版。

国土资源部法律评价工程重点实验室编著：《国土资源法律评价报告 2013》，中国法制出版社 2013 年版。

《国外天然气经济研究》课题组编译：《美国天然气工业与天然气交易》，石油工业出版社 2004 年版。

侯怀霞、张慧平：《市场规制法律问题研究》，复旦大学出版社 2011 年版。

华贲：《天然气分布式供能与"十二五"区域能源规划》，华南理工大学出版社 2014 年版。

黄赫：《深化燃气行业改革研究》，化学工业出版社 2011 年版。

黄恒学主编：《公共经济学（第二版）》，北京大学出版社 2009 年版。

黄萍：《自然资源使用权制度研究》，上海社会科学院出版社 2013 年版。

黄振中、赵秋雁、谭柏平：《中国能源法学》，法律出版社 2009 年版。

剧锦文：《非国有经济进入垄断产业研究》，经济管理出版社 2013 年版。

贾文龙、薛亚洲、吴强等：《中国矿产地战略储备研究》，科学出版社 2013 年版。

林伯强：《中国能源经济的改革和发展》，科学出版社 2013 年版。

刘华美：《竞争法与能源法》，中国台湾：元照出版有限公司 2009 年版。

柳学信：《中国基础设施产业市场化改革风险研究》，科学出版社 2009 年版。

林卫斌、方敏：《能源管理体制比较与研究》，商务印书馆 2013 年版。

李晓西：《中国传统能源产业市场化进程研究报告》，北京师范大学出版社 2013 年版。

李珍刚：《城市公用事业市场化中的政府责任》，社会科学文献出版社 2008 年版。

毛寿龙、李梅：《有限政府的经济分析》，上海三联书店 2000 年版。

马英娟：《政府监管机构研究》，北京大学出版社 2007 年版。

孟雁北：《中国〈石油天然气法〉立法的理论研究与制度构建》，法律出版社 2015 年版。

仇保兴、王俊豪等：《中国城市公用事业特许经营与政府监管研究》，中国建筑工业出版社 2014 年版。

曲延芬编著：《中国自然垄断产业的产权改革与政府规制政策选择》，哈尔滨工程大学出版社 2007 年版。

曲云鹏：《澳大利亚能源规制：法律、政策及启示》，知识产权出版社 2011 年版。

戚聿东等：《中国垄断行业市场化改革的模式与路径》，经济管理出版社 2013 年版。

戚聿东主笔：《中国经济运行中的垄断与竞争》，人民出版社 2004 年版。

任建雄：《区域矿产资源开发利用的路径创新与协调机理》，浙江大学出版社 2010 年版。

世界银行、国务院体改办经济体制与管理研究所联合报告：《中国石油天然气行业现代化：结构改革和监管》，中国财政经济出版社 2001 年版。

世界银行、国家发展和改革委员会经济体制与管理研究所、基础设施咨询服务基金编：《中国：天然气长距离运输和城市配气的监管框架》，石油工业出版社 2004 年版。

石兴春、李吟天主编：《中国天然气工业发展研究》，石油工业出版社 2002 年版。

唐祖爱：《中国电力监管机构研究》，中国水利水电出版社 2008 年版。

卫德佳主编：《石油天然气法律制度研究》，石油工业出版社 2010 年版。

魏陆、吕守军编著：《公共经济学》，上海交通大学出版社 2010 年版。

吴敬琏、马国川：《重启改革议程——中国经济改革二十讲》，生活·读书·新知三联书店 2013 年版。

吴敬琏、江平主编：《洪范评论：垄断与国有经济进退》，生活·读书·新知三联书店 2011 年版。

王丹：《中国石油产业发展路径：寡占竞争与规制》，中国社会科学出版社 2007 年版。

王健等：《中国政府规制理论与政策》，经济科学出版社 2008 年版。

王清华、王彬：《中国矿业权流转法律制度研究》，中国法制出版社 2013 年版。

王俊豪：《政府管制经济学导论——基本理论及其在政府管制实践中的应用》，商务印书馆 2001 年版。

王俊豪等：《深化中国垄断行业改革研究》，中国社会科学出版社2010年版。

王俊豪、肖兴志、唐要家：《中国垄断性产业管制机构的设立与运行机制》，商务印书馆2008年版。

王俊豪等：《中国垄断性产业结构重组分类管制与协调政策》，商务印书馆2006年版。

王美田：《财税政策研究——以中国天然气产业为例》，人民日报出版社2014年版。

王湘军：《电信业政府监管研究——行政法视角》，知识产权出版社2009年版。

王先林主编：《中国反垄断法实施热点问题研究》，法律出版社2011年版。

王遇冬主编：《天然气开发与利用》，中国石化出版社2011年版。

文学国主编：《政府规制：理论、政策与案例》，中国社会科学出版社2012年版。

卫兴华主编：《市场功能与政府功能组合论》，经济科学出版社1999年版。

魏一鸣、方朝亮、李景明、延吉生等编：《中国石油天然气工业上游技术政策研究报告》，科学出版社2006年版。

武盈盈：《中国自然垄断产业组织模式演进问题研究——以天然气产业为例》，经济管理出版社2014年版。

谢地编著：《自然垄断行业国有经济调整与政府规制改革互动论》，经济科学出版社2007年版。

谢雄彪：《区域矿产资源产业演化机理及可持续发展研究》，中国地质大学出版社2013年版。

肖国兴、叶荣泗主编：《中国能源法研究报告》，法律出版社2009年版。

邢鸿飞、徐金海：《公共事业法原论》，中国方正出版社 2009 年版。

徐丽红：《价格宏观调控法律问题研究》，中国社会科学出版社 2013 年版。

郗伟明：《矿物权法律规制研究》，法律出版社 2012 年版。

席恒：《利益、权力与责任——公共物品供给机制研究》，中国社会科学出版社 2006 年版。

徐宗威编著：《公权市场》，机械工业出版社 2009 年版。

于雷：《市场规则法律问题研究》，北京大学出版社 2003 年版。

于文轩：《石油天然气法研究——以应对气候变化为背景》，中国政法大学出版社 2014 年版。

叶荣泗、吴钟瑚主编：《中国能源法律体系研究》，中国电力出版社 2006 年版。

尹竹：《基础设施产业的市场化改革》，经济科学出版社 2004 年版。

中国经济改革研究基金会、中国经济体制改革研究会联合专家组：《中国反垄断案例研究》，上海远东出版社 2003 年版。

中国法学会能源法研究会编：《中国能源法研究报告 2010》，立信会计出版社 2011 年版。

中华人民共和国国土资源部编：《2014 中国矿产资源报告》，地质出版社 2014 年版。

张穹、李新华、廖永远主编：《中华人民共和国石油天然气管道保护法释义》，中国法制出版社 2011 年版。

张剑虹：《中国能源法律体系研究》，知识产权出版社 2012 年版。

张耀仓主编：《中国石油天然气实用法律法规汇编》，中国石化出版社 2008 年版。

张忠民：《能源契约论》，中国社会科学出版社 2013 年版。

张勇编：《能源资源法律制度研究》，中国时代经济出版社 2008 年版。

周林彬:《法律经济学论纲——中国经济法律构成和运行的经济分析》,北京大学出版社1998年版。

周林彬、董淳锷:《法律经济学》,湖南人民出版社2008年版。

周林军:《经济规律与法律规则》,法律出版社2009年版。

周林军、曹远征、张智主编:《中国公用事业改革:从理论到实践》,知识产权出版社2009年版。

周晓唯:《资源市场化配置的法学分析》,中国社会科学出版社2005年版。

周启鹏:《中国电力产业政府管制研究》,经济科学出版社2012年版。

周志斌等:《中国天然气经济发展问题研究》,石油工业出版社2008年版。

周志斌编著:《天然气市场配置及补偿机制研究》,科学出版社2011年版。

邹积亮:《市场经济条件下的价格管制研究》,经济科学出版社2012年版。

赵卓:《竞争、产权、规制与网络型基础产业绩效》,中山大学出版社2009年版。

郑艳馨:《我国公用企业垄断力滥用之法律规制》,法律出版社2012年版。

钟雯彬:《公共产品法律调整研究》,法律出版社2008年版。

二 期刊论文

崔德华:《论政府规制的法律维度》,《社会科学辑刊》2009年第5期。

崔建远:《矿业权法律关系论》,《清华大学学报》2001年第3期。

曹君丽:《公共项目公私合作的退出机制研究》,《中国集体经济》

2013 年第 33 期。

曹小奇、郭焦锋、杨禹:《石油行业落实"非公经济 36 条"应注意的问题及对策》,《调查研究报告》2005 年第 167 号。

曹幼元、李自如:《矿业权析义》,《中国地质矿业经济》2000 年第 2 期。

曹翔:《法律的效益分析》,《南京大学学报》1996 年第 4 期。

陈富良、廖鹏:《中国天然气产业规制的基本经验与教训》,《经济与管理研究》2009 年第 3 期。

陈立:《中国石油天然气行业的结构调整与监管改革》,《国际石油经济》2001 年第 2 期。

陈立:《制约与突破——构建中国天然气下游领域现代化监管框架》,《中国石油石化》2002 年第 5 期。

陈其林:《公共产品、公共利益及其不确定性》,《中国经济问题》2007 年第 4 期。

陈守海、罗东坤:《我国油气工业上游准入政策研究》,《商业现代化》2008 年第 4 期。

陈小安:《我国准公共产品垄断与竞争性供给改革》,《经济体制改革》2006 年第 5 期。

杜丹清:《公用事业价格改革中政府职能定位与政策研究——以城市管道天然气价格改革为例》,《价格理论与实践》2010 年第 6 期。

邓敏贞:《公用事业公私合作合同的法律属性与规制路径——基于经济法视野的考察》,《现代法学》2012 年第 3 期。

戴霞:《市场准入的法学分析》,《广东社会科学》2006 年第 3 期。

董秀成、孔朝阳、郭杰:《中国天然气产业市场结构优化构想》,《天然气工业》2013 年第 7 期。

范必:《能源市场化改革的路径和难点》,《电器工业》2014 年第

9 期。

封延会、贾晓燕:《论我国市场准入制度的构建》,《山东社会科学》2006 年第 12 期。

冯玉军:《论法律均衡》,《西北师大学报》2000 年第 4 期。

高俊杰:《论民营化后公用事业规制的公益目标》,《现代法学》2014 年第 3 期。

贺嘉、刘辉:《欧洲管道立法管窥——天然气市场监管和健康安全监管考察》,《中国石油企业》2006 年第 6 期。

何晓明、李晓东:《试论我国天然气管网运营的政府监管体系和法律法规建设》,《国际石油经济》2009 年第 6 期。

黄纯纯:《网络产业组织理论的历史、发展和局限》,《经济研究》2011 年第 4 期。

黄速建、刘戒骄:《改善产业组织,保障国家石油安全》,《中国经贸导刊》2009 年第 21 期。

洪银兴:《关于市场决定资源配置和更好发挥政府作用的理论说明》,《经济理论与经济管理》2014 年第 10 期。

洪银兴:《关键是厘清市场与政府作用的边界——市场对资源配置起决定性作用后政府作用的转型》,《红旗文稿》2014 年第 3 期。

胡见义:《中国天然气发展战略的若干问题》,《天然气工业》2006 年第 1 期。

胡希:《国外天然气产业规制改革研究》,《开发研究》2007 年第 2 期。

郭焦锋:《加快发展气体能源是我国可持续发展战略的重要选择》,《国际石油经济》2013 年第 12 期。

况继秋:《关于中国燃气市场及燃气行业的现状、问题及发展对策的思考》,《经济问题探索》2005 年第 9 期。

李昌麒、吴文龙:《论自然垄断行业的政策与法律调控》,《经济法论丛》2001 年第 4 卷。

李丹阳:《当代全球行政改革视野中的公私伙伴关系》,《社会科学战线》2008 年第 6 期。

李国平、周晨:《我国矿产资源产权的界定:一个文献综述》,《经济问题探索》2012 年第 6 期。

李宏勋、潘长青:《美国天然气产业发展分析》,《生态经济》2011 年第 12 期。

李君臣、牛溪:《我国天然气市场机构优化的思考》,《中国市场》2013 年第 23 期。

李兴国、杨强、崔彬:《浅谈中国矿产资源的探矿权与采矿权内涵及其外延》,《资源与产业》2007 年第 5 期。

刘红、郭勇刚:《民营企业在国内油气行业的发展状况》,《中国石油和化工经济分析》2014 年第 3 期。

刘红、郭勇刚:《2014 年我国民营企业在油气行业发展状况》,《中国石油和化工经济分析》2015 年第 2 期。

刘睿、刘自俊、刘冰冰:《中国矿业权市场化规范对策研究》,《经济研究导刊》2013 年第 19 期。

刘岩:《从欧盟天然气监管发展趋势看我国的天然气行业监管》,《国际石油经济》2003 年第 2 期。

刘满平:《能源行业应实行市场准入"负面清单"制度》,《宏观经济管理》2015 年第 2 期。

刘戒骄:《改革中国石油天然气产业和国家石油公司的构想》,《经济研究》1995 年第 2 期。

刘戒骄:《美国天然气产业监管及其启示》,《天然气经济》2005 年第 1 期。

刘戒骄:《从产业特征看我国公用事业改革》,《新视野》2007 年第

4 期。

刘戒骄:《从战略视角把握中国的能源结构调整》,《中国能源》2003 年第 6 期。

凌斌:《法律的性质:一个法律经济学视角》,《政法论坛》2013 年第 5 期。

林卫斌:《政府失灵与市场失灵:网络型产业市场化的理论检讨与启示》,《学术交流》2010 年第 1 期。

罗大清:《试论石油天然气立法——以石油天然气矿业权的物权属性为视角》,《当代石油石化》2013 年第 6 期。

毛寿龙:《公共事物的治理之道》,《江苏行政学院学报》2010 年第 1 期。

马斌:《论探矿权和采矿权的性质》,《汕头大学学报》(人文社会科学版) 2013 年第 6 期。

马英娟:《监管与经济激励:中国行政法学面临的新课题》,《中国社会科学院研究生院学报》2007 年第 2 期。

马跃东、祖延华:《对燃气行业市场化改革的思考》,《城市公用事业》2005 年第 2 期。

彭飞、张加乐:《自然垄断与天然气行业管制的政策取向分析》,《西安石油大学学报》2005 年第 3 期。

潘磊:《论燃气特许经营权——以国有燃气企业为视角》,《城市燃气》2013 年第 9 期。

秦扬、胡实、张小龙:《论我国石油天然气矿权权利冲突及解决机制》,《生态经济》2012 年第 1 期。

屈红刚、王史堂、李景朝:《当前矿业权市场化配置存在的主要问题及完善建议》,《资源与产业》2011 年第 1 期。

任志安:《定市场之性,谋国民之福——论市场怎样在资源配置中其决定性作用》,《财贸研究》2014 年第 1 期。

史丹:《中国能源工业市场化改革及能源安全》,《天然气经济》2005年第1期。

史际春:《公用事业引入竞争机制与"反垄断法"》,《法学家》2002年第6期。

史际春、肖竹:《公用事业民营化及其相关法律问题研究》,《北京大学学报》2004年第4期。

孙晋、张田、孔天悦:《我国深海采矿主体资格制度相关法律问题研究》,《温州大学学报》2014年第3期。

孙英男、李守义:《论我国矿业权市场主体缺位》,《地质与勘探》2004年第3期。

石涛:《我国政府监管机构改革:现状分析、模式选择及对策研究》,《上海行政学院学报》2013年第2期。

石兴春:《关于天然气产业可持续发展的几点思考》,《天然气工业》2009年第1期。

沈莹:《国外矿产资源产权制度》,《经济研究参考》1996年第16期。

陶广峰:《行政垄断与我国能源发展战略研究——兼论民间资本进入能源垄断行业及其制度创新》,《现代经济探讨》2011年第1期。

吴建雄等:《天然气市场结构演化的国际路径比较》,《国家石油经济》2013年第7期。

吴忠良、张忠东:《对加快我国油气管道运输业发展的战略思考》,《国际石油经济》2002年第10期。

汪红、姜学峰、何春蕾、武川红:《欧美天然气管理体制与运营模式及其对我国的启示》,《国际石油经济》2011年第6期。

王玲玲、邹晓明、马杰:《我国矿业权市场要素研究》,《中国矿业》2011年第11期。

王明远:《我国天然气输配管网经营准入制度研究》,《清华法学》2008 年第 6 期。

王明远:《天然气开发与土地利用:法律权利的冲突和协调》,《清华法学》2010 年第 1 期。

王岐山:《中国垄断行业的改革和重组》,《管理世界》2001 年第 3 期。

王序坤:《准公共产品提供方式选择的依据》,《山东财政学院学报》1999 年第 6 期。

王晓晔:《非公有制经济的市场准入与反垄断法》,《法学家》2005 年第 3 期。

王燕梅:《石油工业管理体制改革与市场机制的建立》,《国际石油经济》2008 年第 2 期。

王毅:《城市燃气特许经营权的认识和实践误区》,《产业与科技论坛》2011 年第 5 期。

武旭:《我国油气行业监管体系目标设计思考》,《西南石油大学学报》2015 年第 3 期。

肖国兴:《法律要推动资源产权制度创新》,《郑州大学学报》2002 年第 2 期。

肖国兴:《〈能源法〉与中国能源法律制度结构》,《中州学刊》2010 年第 6 期。

肖国兴:《论民营资本规制与能源发展转型的法律契机》,《法学》2013 年第 12 期。

邢鸿飞、徐金海:《论独立规制机构:制度成因与法理要件》,《行政法学研究》2008 年第 3 期。

谢青青、周淑慧:《英国天然气管网第三方准入制度研究》,《石油工业技术监督》2015 年第 2 期。

徐博:《我国天然气市场初期阶段运输与配送的监管》,《石油管理干部学院学报》2004 年第 1 期。

夏善晨:《推动非公有资本市场准入的思考》,《上海经济研究》2008 年第 7 期。

郗伟明:《当代社会化语境下矿业权法律属性考辨》,《法学家》2012 年第 4 期。

杨凤玲:《天然气产业中下游流域的自然垄断性》,《天然气工业》2005 年第 11 期。

叶荣泗:《我国能源安全的法律保障》,《中国发展观察》2008 年第 1 期。

殷勇、廖杨:《〈物权法〉对油气勘探开发的影响及对策》,《中国石油企业》2009 年第 9 期。

闫艳:《中国天然气产业发展研究述评》,《西北民族大学学报》2015 年第 2 期。

郑佳宁:《能源市场准入法律制度的思维架构》,《中国政府大学学报》2011 年第 4 期。

郑佳宁:《能源市场准入许可制度法律规制刍议》,《河北法学》2012 年第 8 期。

周林军:《关于自然垄断的法律规制问题》,《经济法论坛》2009 年第 6 卷。

周淑慧、赵忠德、李广、谢青青:《国外天然气管网设施开放政策演变与启示》,《国际石油经济》2014 年第 6 期。

周义程:《公共事业竞争性招投标型特许经营的困境及其排解》,《探索》2012 年第 4 期。

周跃忠等:《推进我国天然气行业监管制度发展与完善的思考》,《石油科技论坛》2012 年第 5 期。

朱彤:《我国石油天然气体制的演进逻辑、问题与改革》,《北京行政学院学报》2014 年第 6 期。

朱学义、张亚杰:《论我国矿产资源的资本化改革》,《资源科学》2008年第1期。

章志远、黄娟:《公用事业特许经营市场准入法律制度研究》,《法治研究》2011年第3期。

张凡勇:《矿权概念辨析》,《西安石油大学学报》2004年第3期。

张国华:《市场主体退出法律机制研究》,《特区经济》2006年第11期。

张华新、刘海莺:《能源市场化与能源安全》,《中国矿业》2008年第3期。

张淑英:《论天然气输配领域的自然垄断与监管》,《西南石油大学学报》2009年第4期。

张守文:《政府与市场关系的法律调整》,《中国法学》2014年第5期。

张新安:《国际上矿业立法革命的世纪演变》,《国土资源》2002年第4期。

张新安:《市场经济国家探矿权市场发育程度指标研究》,《国土资源情报》2004年第5期。

张新安、张迎新:《让天然气在国家能源安全中发挥更大作用(一)——中国天然气资源战略研究》,《国土资源情报》2007年第9期。

张新安、张迎新:《让天然气在国家能源安全中发挥更大作用(二)——中国天然气资源战略研究》,《国土资源情报》2007年第10期。

张文驹:《矿业市场准入资格和矿权主体资格》,《中国国土资源经济》2006年第10期。

赵学明、王轶君、徐博:《国外天然气管道管理体制演进及对我国的启示》,《中国能源》2014年第5期。

三　学位论文

何静宜：《天然气市场之竞争政策与政府管制》，硕士学位论文，台北大学，2005 年。

徐正昌：《公用事业之法律关系与争议问题研究——以天然气事业管理监督为例》，硕士学位论文，国防大学，2010 年。

马宝玲：《中国天然气市场化改革的理论与实证研究》，博士学位论文，对外经济贸易大学，2014 年。

刘东刚：《中国能源监管体制改革研究》，硕士学位论文，中国政法大学，2011 年。

贺罡：《中国天然气资源开发利用的技术经济研究》，博士学位论文，西南石油学院，2005 年。

聂光华：《基于市场取向的我国天然气定价机制研究》，博士学位论文，天津大学，2013 年。

四　外文译著或著作

［美］埃莉诺·奥斯特罗姆：《公共事务的治理之道：集体行动制度的演进》，余逊达、陈旭东译，上海三联书店 2000 年版。

［美］埃莉诺·奥斯特罗姆：《制度分析与发展的反思——问题与抉择》，王诚等译，商务印书馆 1992 年版。

［美］奥利弗·E. 威廉姆斯、西德尼·G. 温特编：《企业的性质：起源、演变和发展》，姚海鑫等译，商务印书馆 2007 年版。

［瑞典］博·黑恩克：《石油与安全》，俞大畏译，商务印书馆 1976 年版。

［美］布坎南：《公共财政》，赵锡军等译，中国财经经济出版社 1991 年版。

［美］布坎南：《自由、市场和国家》，吴良健译，北京经济学院出

版社 1998 年版。

［德］黑格尔：《法哲学原理》，范扬、张企泰译，商务印书馆 1961 年版。

［美］大卫·D. 弗里德曼：《经济学语境下的法律规制》，杨欣欣译，法律出版社 2004 年版。

［美］丹尼尔·F. 史普博：《管制与市场》，余晖等译，上海三联书店、上海人民出版社 1999 年版。

［美］E. 博登海默：《法理学：法律哲学与法律方法》，邓正来译，中国政法大学出版社 2012 年版。

［英］弗里德利希·冯·哈耶克：《法律、立法与自由》，邓正来等译，中国大百科全书出版社 2000 年版。

［美］基斯·N. 希尔顿：《反垄断法——经济学原理和普通法演进》，赵玲译，北京大学出版社 2009 年版。

［美］科斯：《企业、市场与法律》，盛洪、陈郁译校，上海三联书店 1990 年版。

［美］罗尔夫·施托贝尔：《经济宪法与经济行政法》，谢立斌译，商务印书馆 2008 年版。

［美］理查德·A. 波斯纳：《法律的经济分析》，蒋兆康译，中国政法大学出版社 1997 年版。

［美］罗斯科·庞德：《通过法律的社会控制》，沈宗灵译，商务印书馆 2013 年版。

［美］曼昆：《经济学基础》，梁小民、梁砾译，北京大学出版社 2010 年版。

［美］庞德：《通过法律的社会控制——法律的任务》，沈宗灵译，商务印书馆 1984 年版。

［美］彼得·斯坦等：《西方社会的法律价值》，王献平译，中国人民公安大学出版社 1990 年版。

[美] 斯蒂文·瓦戈：《社会变迁》，王晓黎等译，北京大学出版社 2007 年版。

[冰岛] 思拉恩·艾格特森：《经济行为与制度》，吴经邦等译，商务印书馆 2004 年版。

[美] 约瑟夫·斯蒂格利茨：《政府经济学》，曾强、何志雄等译，春秋出版社 1988 年版。

[美] 斯蒂格利茨：《政府为什么干预经济——政府在市场经济中的角色》，郑秉文等译，中国物资出版社 1998 年版。

[美] 史蒂芬·布雷耶：《规制及其改革》，李洪雷、宋华琳、苏苗罕、钟瑞华译，北京大学出版社 2008 年版。

[美] E.S. 萨瓦斯：《民营化与公私部门的伙伴关系》，周志忍等译，中国人民大学出版社 2002 年版。

[英] 托马斯·霍布斯：《利维坦》，黎思复等译，商务印书馆 1985 年版。

[美] 威廉·恩道尔：《石油战争》，赵刚等译，知识产权出版社 2008 年版。

[古希腊] 亚里士多德：《政治学》，吴寿彭译，商务印书馆 1965 年版。

[英] 亚当·斯密：《国民财富的性质和原因的研究》，郭大力等译，商务印书馆 1981 年版。

[美] 约翰·罗尔斯：《正义论》，何怀宏等译，中国社会科学出版社 1988 年版。

[美] 约瑟夫·P. 托梅因、理查德·D. 卡达希：《美国能源法》，万少廷译，法律出版社 2008 年版。

[日] 植草益：《微观规制经济学》，朱绍文等译，中国发展出版社 1992 年版。

[英] 安东尼·奥格斯：《规制——法律形式与经济学理论》，骆梅

英译，中国人民大学出版社 2009 年第二版。

［英］艾琳·麦克哈格、［新西兰］巴里·巴顿、［澳］阿德里安·布拉德布鲁克、［澳］李·戈登主编：《能源与自然资源中的财产和法律》，胡德胜、魏铁军等译，北京大学出版社 2014 年版。

［英］罗纳德·哈里·科斯、王宁：《变革中国——市场经济的中国之路》，徐尧、李哲民译，中信出版社 2013 年版。

S. G. Breyer, *Regulation and Its Reform*, Cambridge, Mass: Harvard University Press, 1982.

Barbara Marinor-Volpe and William Trapmann, "Energy Information Administration", *The U. S. Natural Gas Market and Industry*, May 13.

Guy F. Caruso, "Administrator, Energy Information Administration EIA's Natural Gas Outlook through 2025", Energy Forum, New York: NY, September 25, 2003.

Paul Roberts, *The End of Oil*, Boston: Houghton Mifflin Company, 2004.

Michael Economides and Ronald Oligney, *The Color of Oil: The History, the Money and the Politics of the World's Biggest Business*, Texas: Round Oak Publishing Company, 2000.

Commission of the European Communities, "Commission Staff Working Paper", Second benchmarking report on the implementation of the international electricity and gas market, SEC, 448, Brussels, July. 4, 2003.

Peter Cameron, *Competition in Energy Market: Law and Regulation in the European Union*, Oxford: Oxford University Press, 2002.

Donald Dewey, "Regulation Reform", in W. Shepherd and T. Gies, eds. *Regulation in Further Perspective*, Cambridge, Mass: Ballinger, 1974.

DRI-WEFA, "Report for the European Commission Directive General for Transport and Energy to Determine Changes after Opening of the Gas Market in August 2000", Volume I: European Overview, July, 2001.

William F. Fox, Jr., *Federal Regulation of Energy*, New York: McGraw-Hill Book Company, 1983.

European Commission, "Opening up to choice-Launching the European gas market", July, 2002.

International Energy Agency, "Monthly Natural Gas Survey", Nove, 2013.

Richard L. Gordon, *An Economic Analysis of World Energy Problems*, Cambridge, MA: The MIT Press, 1981.

后　　记

本书是在我博士学位论文的基础上修改而成的。回顾近四年浸润于书斋的读博生活，再到本书的出版这一路历程，萦怀于心的仍然是写作过程中如履薄冰似的心境及苦行僧式的生活状态，这让我深深体会到为学的不易和对"学问"的敬畏。这一路走来，收获了知识，更收获了情义。此刻，我想表达对以下人士的由衷谢意。

感谢恩师杨翠柏教授。是恩师将我领入天然气产业市场化法律规范研究这一有着重大理论价值的研究领域。在毕业论文选题确定后，恩师与我数次讨论写作思路，凝练研究焦点。在论文撰写中，恩师经常与我就论文的框架、写作及某些观点进行讨论。论文从思路的梳理到内容的充实，从观点的形成到论证的完成，无不倾注了恩师大量的心血和精力。恩师敏锐的学术洞察力、紧贴现实的治学取向、严谨的治学态度，令我无比钦佩，亦是我终生学习的榜样。

感谢肖国兴教授、杨泽伟教授、曾文革教授、陈家宏教授、陈开奇教授对本书结构和写作方法的指导，他们的指导促使我就天然气产业市场化法律问题有了更为深入的思考，拓展了我的写作思路，凝练了我的研究焦点。

感谢喻中教授、周伟教授、杨遂全教授、龙宗智教授、徐继敏教授、顾培东教师、魏东教授的授业之恩，先生们旁征博引、极具启发的授课内容使我受益匪浅。

感谢陶钟太朗、刘红春、白利寅、田维、吕国凡、龚得君、姜战朝、李鑫、王隆文、邹品佳、何莉莉、章辉、王超、黄健平、陈瑜、赵晓宁、陈宇等众学友。读博期间，大家交流学习心得，相互鼓励帮助，正是他们的存在使原本枯燥的读书生活变得丰富而有趣。

感谢我的爸爸妈妈，是他们含辛茹苦将我抚育成人，正是他们无私的爱与奉献扶持我走到今天。感谢我的公公婆婆，他们视我如己出，默默给予我最坚定的理解与支持。感谢我的先生周伟，谢谢他长久以来的呵护与宽容，让我从容淡定地做自己想做的事情。还有我的孩子周砚霖、闫江楠，无论何时何地，只要妈妈一想到你们，都会感到温暖、信心与力量。

本书的出版还应该感谢西北民族大学国家民委重点建设学科项目的资助，中国社会科学出版社范晨星编辑对本书的出版给予了大力支持，在此深表谢意！

值得一提的是，无论在理论上还是实践中，天然气产业市场化、法治化进程都会有大量问题需要认真研究和探索，由于本人水平所限，文中仍存在不少疏漏之处，敬请专家学者批评指正。

闫 艳

2020 年 8 月于兰州